VÍCTOR AMAT es psicólogo. Ejerce como psicoterapeuta, formador y también colabora en varios medios. Fue campeón de Europa en kickboxing y su experiencia como luchador y entrenador le ha servido para moldearse como experto en estrategia y persuasión. Actualmente dirige el posgrado en Intervención Breve y ha creado la Escuela Palo Bajo, donde imparte sus enseñanzas a otros profesionales de la salud de habla hispana. Contribuye como docente en destacadas instituciones públicas como el Institut Català de la Salut y la Generalitat de Catalunya, además de varias universidades. Es padre de tres hijos. Y es punk.

www.victoramat.es
www.cetebreu.es
www.escuelapalobajo.com
@victoramat01
@victoramat01
@victoramat01

Papel certificado por el Forest Stewardship Council®

Primera edición en B de Bolsillo: julio de 2025

Travessera de Gràcia, 47-49. 08021 Barcelona
Diseño de la cubierta: Sophie Guët

Printed in Spain – Impreso en España

ISBN: 978-84-1314-938-7
Depósito legal: B-8.761-2025

Compuesto en Llibresimes
Impreso en Liberdúplex
Sant Llorenç d'Hortons (Barcelona)

BB 4 9 3 8 7

Autoestima Punk

Cómo acabar con la autoestima *happy flower*

VICTOR AMAT

ÍNDICE

A Lucas, Maya y Walter,
espero no haberles jodido demasiado la autoestima

PRESENTACIÓN

(si leíste *Psicología Punk*, OMITIR INTRO)*

* ... o no.

> La sencillez es la madre del talento.
>
> ANTÓN CHÉJOV

Siempre quise que mi viejo estuviera orgulloso de mí.

Aunque ahora soy un psicólogo más o menos reconocido, mi padre nunca llegó a verlo. A él le tocó lidiar con el Victor que fue campeón de Europa de *kickboxing*. No le hacía ninguna gracia que me dedicara a eso, de ahí que no estuviera presente el día en que descendí del *ring* con el cinturón en mi cintura. No te miento si te digo que fue a la persona que más eché en falta en ese momento.

Estoy seguro de que experiencias como esas hicieron que sea como soy, y cuando me miro al espejo, veo a un viejo cabrón que aún está aprendiendo a quererse a sí mismo.

He decidido escribir este libro porque hace años que percibo el sufrimiento que causa el no estar del todo contento con uno mismo. Quiero que entiendas qué pasa contigo, con tu historia personal, y por qué es imposible que subas tu autoestima.

Sí, te lo voy a repetir. Es imposible, pero no es una mala noticia. Créeme si te digo que es la mejor de ellas y, cuando acabes de leer el libro, me darás la razón. Sabrás que has hecho una de las mejores inversiones de tu vida.

No soy nuevo en esto de escribir un libro. Hace justo un año, publiqué *Psicología Punk*. En él hablo de los problemas humanos y de cómo el sistema que nos rodea está encantado de que te dejes la piel tratando alcanzar el Santo Grial de la felicidad. ¿Felicidad? ¡Menuda estafa nos han colado con eso!

Me propuse acabar de una vez por todas con los mitos de la autoayuda. Muchas personas me han hecho llegar su alivio. Por fin, decían, alguien les hablaba claro y les ayudaba a aceptar muchas de las mierdas de la vida.

Hablé de la verdad, de la realidad a la que te enfrentas todos los días, con ejemplos reales. Casos que he atendido en mi consulta y que he vivido en mis propias carnes. Expliqué que, muchas veces, nos metemos en laberintos espantosos sin tener ni idea de cómo salir y luego queremos tener un plan de escape integral. Perfecto y sin errores.

¿Quieres un secreto? Estás jodido. La vida se lleva mal con tus planes. Como no voy de psicólogo infalible, nunca quise impresionarte con mis resultados terapéuticos porque ese no era mi objetivo. Lo que quería, y sigo queriendo, es hacerte pensar.

Pero, joder, algunos contactaron conmigo y preguntaron: ¿qué había pasado con Hugo, el niño que no cagaba?, ¿qué fue del camionero que tenía pánico a conducir?

Así que decidí hacer un webinar gratuito, llamado «La magia de la Terapia Breve», en la que expliqué el abordaje y la resolución de cinco de los casos que contaba en el libro. ¿Sabes qué ocurrió? Más de dos mil personas se registraron en el evento, ¡y eso que solo había pasado un mes desde la publicación de *Psicología Punk*!

Menudo festival.

Mi editor, Oriol, me dijo: «Victor, ¿te atreves a escribir un segundo libro?». No me hice demasiado de rogar, porque después de haber dado un repaso a todos los rollos que nos han intentado colar acerca del miedo, del dolor, de las relaciones, del perdón y de muchas cosas más, aún me quedan ganas de seguir poniendo el foco donde a algunos no les interesa.

Quiero que seas una persona real, no un gilipollas naif.

No vas a librarte de mí tan fácilmente.

¿Esto de qué va?

De lo que todo el mundo habla sin tener ni idea: de la autoestima.

Siento decirte que voy a darle un revolcón a todo lo que te han enseñado sobre este tema. Voy a cuestionar muchos de los mitos a su alrededor, y aunque se ha escrito un montón sobre esto, casi todo es erróneo o, si lo prefieres, se parece tanto a la realidad como unas *ruffles* a la comida saludable.

Eso no significa que lo que yo digo es lo correcto, sino que gran parte de lo que conoces sobre el asunto está sesgado, es falso, y, por lo tanto, no sirve de ayuda. Lo jodido es que cuando hablamos de salud emocional, todo lo que no ayuda, te empeora.

Te han hecho creer que, si estás mal, si quieres a alguien y sufres, si te chulean en el trabajo, si acabas haciendo favores a otros, o si cuando te miras al espejo no te gusta lo que ves es porque no tienes autoestima.

Esto de echarle la culpa a tu falta de estima es un chollazo para la industria del crecimiento personal, y por eso es tan importante para esa gente que trates de cambiarte a ti misma con los consejos que te dan... si tienes una tarjeta de crédito.

Si suena tu cartera, van a venderte eventos, libros y harán lo indecible para que quieras ser la mejor versión de ti misma, o para que tengas tantos cojones como un guerrero de Esparta.

Cantaba José Feliciano: «¡Ay, cariño! No me trates como a un niño». Pues eso.

Los Reyes son los padres

No dejes que te traten como a un bebé. Echar la culpa a la autoestima de lo que te ocurre es una mentira que te cagas.

Como los Reyes Magos.

Los Reyes Magos nos hicieron disfrutar de la ilusión. Ponías polvorones y una copa de coñac en tus zapatos y te ibas a dormir con la esperanza de que, por la mañana, tendrías tus regalos. Al despertar, corrías al salón para descubrir los paquetes que esos tres hombres buenos habían dejado para ti. ¡Qué felicidad! ¿Verdad? Lo habías deseado y te lo habían traído.

Los cojones.

Esos regalos eran resultado de mucho trabajo y esfuerzo de tus padres. Lo normal es que se dieran mucha caña para que pudieras disfrutarlos. En plenas Navidades, estresados por la responsabilidad, y queriendo que fueras feliz, los compraron, incluso discutiendo con otros padres en alguna tienda para llevarse la última muñeca de moda que quedaba en el almacén. Los envolvieron a la una de la madrugada, peleándose entre ellos presa del cansancio, e hicieron tarjetas personalizadas hasta las tres de la mañana. Todo para verte ilusionada, aunque a veces se equivocaron y trajeron una Pepona en lugar de la Barriguitas de tus sueños. En otras ocasiones, se olvidaron de las pilas, y te conformaste, resignado, viendo el Scalextric sin movimiento hasta un par de días después.

Lo mismo pasa con tu autoestima.

Si piensas que, por la cara, te levantarás por la mañana y la encontrarás como regalo es que ha llegado la hora de que tu niño interior se atiborre de hormona de crecimiento. Le está haciendo falta.

Ya no eres una criatura. Si quieres regalos, ¿qué crees que te va a tocar hacer? Te lo voy a decir, y a lo mejor no te va a gustar. Vas a tener que trabajar. Por eso otros autores venden muchísimo, porque saben que todos queremos seguir siendo niños y hablan para niños.

Yo, por el contrario, hablo para adultos. Y ahora te estoy hablando a ti.

Una cosa que aprendí de Guille, el informático

Hace algunos años, tenía un colega que arreglaba ordenadores. Todavía no se había democratizado el uso del portátil, y mi PC se estropeaba de tanto en tanto.

Guille, que así se llama, es un uruguayo simpático que me ofrecía su soporte técnico. La tercera vez que se estropeó mi ordenador, me dijo que venía a repararlo a domicilio. El tío se presentó en casa con otro ordenador. Una torre de esas. Pensé que lo traía de recambio por unos días, pero no era así. Le conté lo que le pasaba y Guille me escuchó, muy profesional. Tras el rollo que le metí me dijo: «Voy a mirar».

Empezó a desmontar los dos ordenadores, los abrió. Lo vi cambiar, pieza por pieza, todo el puto ordenador. Ponía un cacharro de su PC y lo cambiaba por el mío. Si no funcionaba, lo volvía a colocar y modificaba otra cosa. Al final, cambió un chismecillo y, tras un chisporroteo de la pantalla, mi ordenador se puso a funcionar.

«Tío —le dije—, no tienes ni idea de lo que le pasaba». Y me respondió: «Es verdad, pero desmontar para volver a montar siempre me ha funcionado».

Hostia. Madredelamorhermoso.

Lo que acababa de descubrir fue uno de los mejores regalos que he recibido y que me sirvió para aplicar en psicología y ser psicoterapeuta. Para entender y arreglar algo, lo mejor es desmontarlo. Y luego volver a montarlo.

Con curiosidad. Con unas gotas de valentía y

calzando las Botas de Siete Leguas para cambiar tu manera de mirar las cosas serias.

Lo que me dispongo a hacer es analizar y descomponer, hoy lo llaman deconstruir, lo que la Psicología *happy flower* nos ha ido metiendo en la cabeza para sacarnos la pasta igual que una magdalena seca se queda con tu café con leche.

Si todas esas tonterías funcionaran, estarías tan contento contigo mismo como Maluma.

Eso que he llamado el pensamiento naif te ha ofrecido un sinfín de discursos en los que te invitan a reforzar tu autoestima, cambiar tu actitud, perdonarte y un montón de cosas más que probablemente no te van a ayudar demasiado. Y lo que es peor, te van a hacer sentir una mierda por no ser capaz de lograr sentirte bien en tu piel.

Trataré de demostrar algo muy curioso. ¿Sabes qué es?

Que lo más sano para ti, y para todos, es no acabar de estar encantado de conocerte.

Tataranietos de Freud

Si piensas en psicólogos o psicólogas históricos, ¿quién viene primero a tu mente?

El noventa por ciento de las personas encuestadas responde: Freud

A finales del siglo XIX, innovó la manera de ver a las personas. Escribió mucho acerca de cómo funciona la psique humana y de cómo se construye nuestra identidad. Aunque no me guste demasiado, debo reconocer que muchas de sus teorías son interesantes. Pero déjame que te diga algo: hoy, el austriaco no vendería ni un libro.

Es un peñazo que nadie entiende.

Lo malo de muchos expertos en psicología es que se explican fatal. A veces, cuanto más saben, peor. Todo ha cambiado mucho desde que, hace más de cien años, el bueno de Sigmund se preocupara por las motivaciones que hay detrás de las cosas que hacemos y las que nos pasan. Si eres una persona curiosa y te interesa cómo manejarte con la vida, vas a tener que estar atento a lo que te rodea. Comprender cómo eso te afecta y cómo afectas tú a los demás y al mundo es primordial. Si te paras a pensarlo un instante, la psicología va de entender cómo funcionamos y cómo llevarlo lo mejor posible.

Cuando caen en mis manos libros sobre psicología y autoestima, me pasan dos cosas: la primera es que muchas de estas publicaciones son unas pajas mentales que no entiende ni el tato, y la segunda, que muchos de estos libros parece que cuenten historias imposibles de unicornios de colores.

Por eso, he decidido escribir un libro de psicología un poco diferente. En *Psicología Punk*, me propuse hacer un ensayo que pudiera leer todo el mundo. Lo que tienes en tus manos ahora es un libro de psicología sobre la autoestima.

Voy a ser punk y quiero contarte qué pasa contigo y por qué la mierda de la autoestima te hace sufrir tanto.

Psicólogo punk

Soy psicólogo y psicoterapeuta. Tengo un centro de psicoterapia y dirijo un posgrado para profesionales. Hace muchos años que compagino todas esas cosas con la divulgación. Mi pasado como campeón de boxeo y *kickboxing* me ha dado una perspectiva rebelde, pero déjame que te cuente cómo me gané el apelativo de psicólogo punk. Hace unos años di una de esas famosas conferencias Ted. Son unas charlas en las que los «expertos» tratamos de darnos bombo. Son tan pijas que hoy en día, cuando te presentas, queda chupiguay decir que has hecho una Ted. Mi experiencia con eso fue muy limitante. Por un lado, estuvo genial poder hacerla, pero, por otro, tenía tantas reglas «políticamente correctas» que me sentí muy cohibido.

Durante un tiempo, realicé una serie de conferencias, cerveza en mano, en las que traté de derribar muchos de los mitos que nos han intentado meter con calzador. Muchas de esas ideas como «la vida es cuestión de tu actitud», «todo depende de ti», «eres responsable de lo que te pasa», «mira el lado positivo de la vida» y decenas de otras monsergas que hacen más mal que bien. En mis cursos y conferencias hago hincapié en que la vida es bastante jodida, que no siempre te vas a salir con la tuya y que los sueños, sueños son. Si a decir la verdad y a hacer llegar al público que la salud emocional también es sufrir le llaman «punk», entonces sí, soy punk. Todo lo que vas a leer, ha pasado, lo he aprendido de mis pacientes, de los participantes de mis cursos, nada está aquí porque sí. Si eres de los que están hartos de comprar humo, si sientes que la vida duele y que a veces no te soportas, bienvenido a esta lectura. Bienvenido a la autoestima Punk.

Tras más de veinticinco años dedicado de forma obsesiva al campo de la psicoterapia, la formación y la ayuda, he destilado todos mis aprendizajes en este libro, que es resultado de mi trabajo. Por si no me conoces aún, soy del Turó de la Peira, un barrio humilde de la ciudad de Barcelona en el que aprendías a hablar para que todo el mundo te entendiera, peleabas para defender tus zapatos, y sobrevivías a la caída de un meteorito.* Quieras o no, eso acaba conformando una manera de estar en el mundo.

Y cuando estás medianamente a gusto en el mundo es porque te autoestimas.

Si voy a luchar contra esos gigantes, debería ser capaz de escribir algo importante de una forma entretenida, que te deje sin aliento. Una especie de *thriller* sobre la psicología que, al final, hable de ti. Y eso es lo que estoy dispuesto a hacer.

* En mi infancia, a finales de los sesenta, en mi barrio cayó un meteorito. Puedes buscar la noticia en Google poniendo simplemente: «El meteorito del Turó de la Peira».

Autoestima *happy flower*

Si hay algo que me tiene harto es escuchar y leer chorradas acerca de cómo tienes que quererte a ti misma. Me resulta bastante obvio pensar que cada persona lo tiene que hacer a su manera y que pretender que a todos nos encajen las mismas ideas es muy idiota. Si has leído algún libro, o sigues alguna cuenta de esas en las que te dan ideas sobre cómo sentirte mejor contigo y te funciona bien, estás de suerte. Puedes vender mi libro en Wallapop o regalárselo a esa prima que está descontenta de sí misma porque quiere adelgazar desde hace veinte años sin lograrlo. Hay una infinidad de personas que siguen esas cuentas en las redes sociales, o esos libros que pueblan las estanterías de los grandes almacenes, pero no les funciona el enfoque de lo que he llamado *happy flower*. ¿Qué hacemos entonces con los que sufren y se sienten como el culo porque no son capaces de autoestimarse como mandan los cánones? ¿Eres una de ellas? ¿Eres de esos tipos que se exigen cambiar tal y como recomiendan los «expertos» y fracasas en el intento? Si perteneces a ese grupo, estás jodido, ¿no?

No.

Este libro es para ti. Recuerdo que cuando era chaval había un chiste que decía: «Come caca: catorce millones de moscas no pueden equivocarse». Que a muchas personas les resulte interesante y útil el enfoque *happy flower* no presupone que sea obligatorio usarlo, y lo que es mejor aún, no significa que no puedas remendar tu vida de otra forma y vivir mejor.

La falacia del francotirador

¿Conoces la falacia del francotirador? Una falacia es un razonamiento engañoso, y cuando se hace a propósito es una putada. Te la cuento: un tipo se puso a disparar a voleo a la pared de un granero. Disparó seis o siete tiros de cualquier manera. Luego dibujó dianas alrededor de los agujeros de bala, de modo que cada bala estaba colocada con precisión en el centro de cada una de las dianas; a continuación, llamó a sus amigos y se presentó como un tirador con una puntería excepcional. Eso, como explicaré en el próximo capítulo, es lo que posiblemente está ocurriendo en el campo de la autoestima y, ¿por qué no decirlo?, de la psicología *popular* en general. Si te inventas una enfermedad, podrías inventar su cura, y con ello forrarte.

Voy a decir algo que jamás diría en público, pero imagina que te inventas que todo lo que les pasa a las personas está causado por su baja autoestima. Luego vendes cosas para subir esa autoestima que sirven como «normal» y, si la gente mejora, les dices: «¿Ves qué guay que soy? Te he ayudado a subir esa autoestima», y si no les funciona les dices: «Estás muy jodida, ¡tienes que currártelo más!».

El negocio perfecto.

Yo he venido a hablar de mi libro

Seguramente no eres tan mayor como para recordar al escritor Paco Umbral cabreado como una mona porque no le daban bola para hablar de su nuevo libro en un programa mítico de televisión.* Eso fue un ejemplo claro de lo que es *Autoestima Punk*: el tipo lo estaba pasando mal en el plató, se estaba removiendo en su silla, muy incómodo, pero se armó de valor y montó una escenita que logró que su libro *La década roja* se vendiera muy bien. Voy a tratar de copiarle, desde luego, Umbral era un personaje peculiar, aunque no le ando demasiado a la zaga. Quiero poder contarle a mi hijo a qué me refiero cuando hablo de tener una autoestima Punk. Quiero que cierres el libro y pienses, ¡ah, coño, era esto! Uno de mis profesores de psicología me enseñó que tenía que hablar el lenguaje de las personas, de modo

* Vas a tener que verlo en YouTube, vale la pena.

que voy a hablar de cosas muy profundas de manera muy comprensible.

Dicho esto, repito que algunos autores del pasado no venderían una mierda hoy y esto tienen que contártelo como te lo contaré yo.

Te veo dentro.

1

#EMOSIDOENGAÑADO

> En una época de engaño universal, decir la verdad es un acto revolucionario.
>
> GEORGE ORWELL

Si has comprado este libro, puede que tengas poca confianza en tus posibilidades, te sientas inseguro o pienses que hay algo dentro de ti que no acaba de funcionar a la perfección. La palabra autoestima en la portada tal vez te ha hecho pensar que lograrás quererte más. Aunque si lo que te ha llamado la atención es lo de punk, o bien ya me conoces o estás hasta el gorro de leer basura sobre autoestima y sigues sin autoestimarte.

Buscas algo diferente.

¿A quién no le gustaría ser el puto amo? Solemos poner la atención en personas que parece que dominan el mundo, como si fuera suyo. Esas que aparentan estar bien dentro de su piel. Ya me entiendes. Y es normal que quieras ser así.

Bienvenido, eres humano.

El problema es que el mundo está encantado de que te compares siempre perdiendo y te sientas mal. El capitalismo y su gente saben lo que se hacen. Conocen bien la estratagema de poner el dedo en la llaga, señalar lo que te duele para ofrecerte una solución. Su antídoto. No estoy diciendo, que lo digo, que sean mala gente, solo que se aprovechan de lo que te hace daño para colocarte algún producto.

Con la autoestima pasa lo mismo.

Si eres una persona «normal», me apuesto contigo una cerveza a que tienes alguno de estos descontentos, toma nota:

- No estás satisfecho con tu cuerpo.
- No tienes confianza en ti.
- Sientes miedo e inseguridad.
- Antepones el deseo de los demás al tuyo.
- Quieres más de la cuenta a algún gilipollas.
- Te duele tu historia personal.
- Tus padres fueron unos pendejos.
- La cagas en algunas situaciones.
- No te atreves a dar algún paso importante para ti.
- No eres capaz de mostrarte en público.
- Tienes miedo a que te rechacen.

¿Te suena alguno? Podría llenar doscientas páginas con ejemplos así, pero estoy seguro de que me has entendido.

Pues bien, desde hace unos cien años, parece que casi todas estas cosas que te causan dolor tienen un culpable: tu baja autoestima.

Si estás de acuerdo con ello, debes saber que el negocio está servido para cualquiera que te ofrezca algo para subirla. Tal vez lo ignoras, pero eres carne de cañón. Te crees muy listo y, sin embargo, eres muy manipulable. Como yo, eres un amasijo de células organizadas con capacidad para sentir, para emocionarse, para sufrir.

Los presuntos expertos en el tema, muchos de ellos auténticos vendedores de humo, lo saben. Y si no son gilipollas, van a aprovecharlo para sacarte la pasta. ¿Conoces a Noah Chomsky? Es uno de los pensadores más brillantes del siglo XX y lo que llevamos del XXI. Él ha descrito algunos de los principios de manipulación mediática que las corporaciones, los gobiernos y los gurús de la autoestima (entre otros) usan para lavarnos el cerebro. Voy a demostrártelo a continuación.

La vieja manipulación de siempre

No creas que el engaño y la manipulación son algo nuevo. Desde tiempos inmemoriales, ha habido listos que han sido capaces de entrar en nuestras mentes para hacernos cambiar de opinión. Nos han vendido la moto, desde siempre. Y lo hacen porque les funciona. Te cuento una de las más habituales: inventar o magnificar un problema para, acto seguido, ofrecer su posible solución. Si te identificas con la descripción del problema, eso te convence y te va a poner en acción hacia donde quiere el manipulador.

Imagina un partido político que describe un problema, supón que dicen que los inmigrantes resultan favorecidos económicamente por las medidas del Gobierno en cuestión, que se forran con las ayudas y que dejan a tu abuela sin su pensión. Solo necesitan repetirlo mucho. Nuestro cerebro es perezoso, y si le reiteras una cosa muchas veces, lo acepta sin chistar.

Lo que hacen entonces es decirte algo así como que su partido acabará con el problema prohibiendo el acceso de los inmigrantes al país, «los echaremos o les negaremos recursos económicos y sociales». ¿Te das cuenta? Ellos mismos te dan la solución al problema que han creado. ¿Qué harás si te crees el bulo? Votar a ese partido.

Esto es lo que ocurre con algunos problemas psicológicos, que podrían ser un invento o una realidad distorsionada a propósito. Pasa cada día.

Tuve una paciente, Laura, que había recibido clases de una conocida psicóloga. Esta había descrito una serie de comportamientos masculinos como «ultratóxicos», aunque probablemente tú y yo los consideraríamos machirulos, sin más. Escuchando a esa psicóloga, mi paciente había desarrollado mucho rencor hacia su pareja, que por otro lado era un poco *monguer** y no entendía nada. Laura estaba desesperada y había gastado

* Dediqué un capítulo entero de *Psicología Punk* a la tipología *monguer* y hablé también de la sobreimplicación. El *monguer* es alguien que, por mucho que intentes que cambie, nunca lo hace. La sobreimplicación es cuando una persona cae en la trampa de esforzarse demasiado en una relación.

bastante dinero en los cursos que la psicóloga vendía para el manejo de ese tipo de perfil «ultratóxico». Como mi paciente no estaba teniendo éxito combatiendo la «ultratoxicidad», se sentía frustrada. Como sufría tanto, la psicóloga le recomendaba lecturas y más cursos. Cuando la conocí en la consulta, se lamentó amargamente de lo que le estaba ocurriendo en los últimos meses. El discurso de la psicóloga había calado bien entre las asistentes a sus clases. Laura había tratado de aplicar las indicaciones de la profesional. Puso límites a su pareja, y se había desgañitado tratando de convencerlo para que fuera más delicado en algunas situaciones. Investigué un poco y se me ocurrió preguntarle qué quería. Laura dijo que amaba a su pareja y, aunque él era algo tosco para algunas cosas, no quería dejarlo ni necesitaba que cambiara tanto. Estaba triste y se sentía mal porque, en el fondo, no estaba del todo de acuerdo con los postulados de la psicóloga. Trabajamos para que fuera un poco más asertiva y que diera prioridad a alguna de las cosas que ella quería que no dependían de grandes cambios por el lado de su pareja. Descubrimos que gran parte de su cabreo tenía que ver con que se sobreimplicaba con él y esperaba que este le correspondiera igual. Cedía y luego se cargaba de rencor. Tras entender que su marido no le pedía tal esfuerzo, ella dejó de recriminarle tanto, y él se dulcificó. En pocas sesiones, su relación de pareja se reequilibró. Discutían mucho menos. Como yo también soy bastante *monguer*, me identifiqué con el hombre y le di unas sugerencias a Laura. Esas indicaciones funcionaron a la perfección con un marido tan limitado emocionalmente como el suyo.

Piénsalo bien. Alguien describe un tipo de problema y te da una solución infalible. Si empatizas con ese problema, quieres el cambio y acto seguido sacas tu dinero para dárselo al experto. Es una técnica de manipulación ganadora, ¿no crees?

¡La bolsa o la ~~vida~~ autoestima!

La autoestima se vende libro a libro.

Berta Noy

Si a sentirte inseguro, a autosabotearte, a tener poca confianza en ti y a una lista interminable de miserias le llaman no tener autoestima, muy poca gente en este planeta de locos aprobaría el carnet de autoestimado.

Y si hay alguno que lo tiene, probablemente es un presuntuoso que no va a caerte bien.

No importa cuál es tu problema, por algo de pasta estás a dos clics de ser la nueva Rosalía o el Michael Jordan del barrio. No falla.

O a lo peor, sí.

¿Qué sucede entonces si haces caso a todas esas «mentes expertas» y no logras ser la hostia? La culpa no será de ellos, sino tuya. Porque no te has esforzado lo suficiente, o no lo habrás deseado con la fuerza necesaria o, sencillamente, no vales nada.

De esas tres opciones, no sé cuál es la más perjudicial para ti, pero sí sé qué vas a hacer. Vas a tratar de seguir buscando ayuda para arreglarte. Desde los azucarados consejos *happy flower* hasta el más duro de los estoicos, tienes todo un abanico de posibilidades para que solo con desearlo las aguas del mar Rojo se abran a tu paso.

Si tecleas en tu buscador de internet la palabra «autoestima», vas a encontrar un compendio de Psicología Naif.* Hay trece millones de entradas sobre ello. Es un indicador de que el tema es relevante, o, al menos, está en boca de todos.

* Entiendo por «Psicología Naif» un tipo de enfoque bienintencionado (o no) y banal que te alienta a pensar en positivo, a creer que si quieres puedes y que tu vida depende de tu actitud, entre otras lindezas. En mi anterior libro, trato de desmontar este tipo de pensamiento demostrando que hace más daño que otra cosa.

Vivimos en unos tiempos en los que la insatisfacción es grande y nuestra sociedad nos obliga a esforzarnos para convertirnos en seres de luz. No es raro que sufras por querer ser perfecto, por tener un cuerpo maravilloso, por envejecer con gracia y formar parte de una familia estupenda.

Estar mal no debería extrañarte, has crecido en una cultura donde siempre se te comparó para perder. Ya sabes, esa prima que sacaba notazas, el hermano matemático o tu amiga esa que tenía el vientre plano, aunque comía como una hiena hambrienta.

Siempre perdiendo.

A pesar de que, si miras a tu alrededor, esto está lleno de majaras, lo que me sorprende es que no haya más gente con problemas emocionales.

Las dificultades psicológicas, como los miedos y la inseguridad, son universales, y el sistema no tiene demasiadas herramientas para aliviar un malestar que contribuye a hacer más y más grande cuando te pide que te esfuerces en dar tu mejor versión.

Si has llegado a un punto en el que te sientes desfallecer, vas a tratar de entender qué te pasa.

Has leído montones de libros hablando de eso. Has escuchado a demasiados gurús.

Y te sigues queriendo poco. ¿Qué está pasando aquí?

He venido a decirte la verdad. Te están engañando.

La autoestima es un jaleo de la hostia

Ha llegado el momento de aclarar de qué estamos hablando y por qué el asunto nos sigue haciendo sufrir. William James, uno de los padres de la psicología, dijo que: «La autoestima es la medida en que las personas se valoran a sí mismas de acuerdo con el éxito o fracaso percibido en alcanzar sus objetivos».

Lo importante para James es la percepción de tus logros. Eso es algo muy yanqui, ya sabes, ellos siempre admiran a la gente exitosa. Lo que me llama la atención es que para este científico la autoestima era un resultado. A mayor logro, mayor autoestima.

Esta idea me resulta muy interesante, sobre todo porque estamos hartos de escuchar lo contrario. Desde hace décadas nos dicen que, si no logramos los resultados que queremos en la vida, en las relaciones y en el amor —aquí hay un redoble de tambor—, está provocado porque NO tenemos autoestima.

¿En qué quedamos? ¿Es un resultado o una causa?

Es probable que no sea ninguna de las dos. O las dos. Y he tenido que escribir este libro para poder ponerlo negro sobre blanco.

Si miras por ahí, no vas a encontrar una definición estable de autoestima. Hay muchas variantes, pero podríamos convenir en que viene a ser algo como: «Sentirse bien en la propia piel, confiar en tus posibilidades y tener un buen concepto de ti». Una psicoterapeuta muy reconocida en los años setenta, Virginia Satir, publicó un librito llamado *Autoestima* en el que añadía a la definición de William James dos ideas interesantes: sentirte digno de ser amado y sentirte capaz.

El tema volvió a ponerse de moda, pero se le añadió complejidad. Se puso el foco en que aprender a sentirte digno de ser amado es empezar a bucear en la infancia de las personas. ¡Buah! Los psicos nos ponemos cachondos con eso.

Pero volvamos a la definición de autoestima, va. No quiero que pierdas el tiempo con definiciones, soy práctico. Resumiré diez millones de páginas sobre el tema para ir a lo importante:

La autoestima es la capacidad de sentirte bien en tu propia piel, ser una persona digna de ser amada, confiar en tus posibilidades y sentirte capaz. Suena bien, ¿eh?

Como si fuera tan fácil.

Te han llenado la cabeza de pájaros. No es nada sencillo. Mejor dicho, es imposible. Lo que hace complicado este asunto de la autoestima es que tiene algo de contradictorio; intentaré explicarlo de manera telegráfica y luego lo ampliaré:

1. Tienes que sentirte capaz de hacer algo que, si te sale bien, te hará sentirte capaz.
2. De pequeña debes hacer cosas para que te quieran, y que te salgan bien, para poder quererte de mayor y atreverte a hacer cosas que te salgan bien para que te quieran.

Menudo jaleíto, no he sabido hacerlo más sencillo, aunque en esos dos puntos lo tienes todo. Saca un papel y haz un diagrama con eso. Dale un par de vueltas porque este es un libro de pensar.

Mi opinión es que conformarse con lo que

todo el mundo te dice, sin pensar más allá, es de pringado.

A ver si te quieres más: la autoestima y el rollo *happy flower*

Vas a flipar cuando te cuente lo que me pasó con la fisioterapeuta en una ocasión.

Estaba tendido en su camilla y me lamentaba por llevar algunos meses con demasiado trabajo. Me preguntó si estaba haciendo ejercicio y si cuidaba mi alimentación. Le respondí que había tenido tiempos mejores para lo primero y peores para lo segundo. La fisio siguió indagando: «¿Haces cosas para relajarte? ¿Haces paradas para respirar y moverte? ¿Paseas por la naturaleza?».

Una maldita nube negra se cernía sobre mí. Lo que más me jode es que lo vi venir.

Fue entonces, aprovechando que estaba a su

merced, boca abajo, con esa música de relax de fondo, sin defensa, cuando me soltó: «¡A ver si te quieres más!». «Eso tiene que ver con la autoestima», y acabó sentenciando: «Crees que no vales lo suficiente y no te priorizas».

No soy demasiado violento, pero a veces pienso que se mata poco.

2

CREER EN GNOMOS

En teoría, todo es práctica.

Yogi Berra

No sé a qué colegio fuiste.

Yo a las monjas, lo confieso. Tres años, uno con la madre Guillermina y un par más con la madre Juana. Cuando acabé los párvulos, mis padres me cambiaron a un colegio de curas. Sé que no lo has visto venir, pero tuve una infancia nacional y católica. En mi adolescencia el asunto cambió, aunque no nos anticipemos. La cuestión es que no tuve demasiada formación en filosofía y menos en pensamiento científico. Sabía mucho del catecismo, pero muy poco acerca de pensar por mí mismo.

Al ser un niño de extrarradio, nunca quise pasar por demasiado garrulo y eso me llevó a leer a filósofos que molan. Alguno de ellos tan enrevesado que tienes que sacar papel y rotuladores para hacer esquemas y entender la mandanga buena que te cuentan. Al final acabé masticando tanto algunas ideas que puedo explicarlas de manera bastante digerible.

Lo primero que debes saber es que la realidad no existe. Como cada uno es de su padre y de su madre, tienes una retorcida tendencia a la distorsión. Tu cerebro no es perfecto y, como no puede registrarlo todo, lo que no sabes te lo acabas inventando. Frente a un problema, y para entender lo que está pasando, elaboras una teoría que va a servir para explicarte lo que ocurre. Solo así puedes enfrentarte a ello.

Aunque no lo creas, tienes cerebro de científico.

Imagina que tu hijo de cinco años te despierta durante la noche, llorando y gritando. Al escucharlo, te asustas. ¿Qué hace tu cerebro mientras vas a su habitación? Barajar posibilidades, por ejemplo: ¿Estará enfermo? ¿Tendrá dolor de tripa? ¿Fiebre? ¿Una pesadilla?

Lo normal es comprobar tus planteamientos punto por punto, intentar calmarlo, preguntar si le duele algo, tomarle la temperatura o revisar la habitación por si acaso (todos nos volvemos un poco paranoicos al ser padres, eso es un hecho).

Estás usando el método de ensayo y error para comprobar cuál de tus teorías es correcta.

Lo habitual es hacerlo así, a no ser que ya tengas experiencia previa, porque a tu hijo le ha pasado antes y estás sobre aviso, o si, pongamos por caso, eres pediatra y te las sabes todas.

En mi opinión, lo más interesante de todo es que mientras no se demuestre que tu idea es acertada, aceptas que hay que tantear con posibilidades diferentes. ¿No es así?

Sí. Es así.

Acomoda bien el culo a la silla, porque te voy a explicar uno de los problemas más grandes de la humanidad. Solo con lo que viene ahora ya habrá valido la pena la inversión que has hecho en este libro.

Palabrita de niño Jesús.

Un vaso es un vaso y una teoría es una teoría

> Señoras y señores, un vaso es un vaso y un plato es un plato.
>
> Mariano Rajoy

No me tomes demasiado en serio, citar a Rajoy hablando de pensamiento crítico no deja de ser una provocación. De hecho, he escrito este libro para que decidas a quién le haces caso o no en tu vida. Quiero que pienses y, para ello, voy a definir lo que es una teoría.

Conjunto de enunciados interrelacionados que definen, describen, relacionan y explican fenómenos de interés.

No te agobies. Esta definición va a servir para lo que quiero contarte. Con lo del niño, nos hemos entendido:

1. Te encuentras el fregado.
2. Teorizas y piensas qué hacer.
3. Actúas.

A medida que enfrentas la situación, vas comprobando si aciertas o no. Fácil.

Vamos a hablar del amor, por ejemplo, ¿de dónde sale tu «teoría del amor»? Si vienes de una familia en la que tus padres daban muchas muestras de amor, igual esperas que tu chico te coma a besos. Pero si él viene de una tribu fría como un salmón canadiense, el asunto está jodido.

Tu «teoría del amor» tiene sentido solo para ti. Puedes quedarte esperando años hasta que tu pareja se dé cuenta de lo que quieres. Esta tesis sobre ser amado es resultado de tu historia personal, aprendizajes varios y conclusiones que surgen de tu cuerpo serrano. En resumidas cuentas, tus teorías son solo tuyas, como la forma de tus pestañas o esas uñas tan raras que tienes en los pies.

Siguiente paso: una vez tienes una teoría, puedes hacerte preguntas.

Al hilo de esto, una paciente me contaba que estaba pasando una mala temporada con su chica. Me contó lo atractiva y carismática que era Sandra, su pareja. Me dijo que le había tocado la lotería cuando esa hermosura la eligió a ella. Según su teoría, una mujer como Sandra tenía oportunidades a diario para tener a quien quisiera. Como imaginas, eso la hacía sentir insegura. Estaba tan convencida de sus propios pensamientos que empezó a preguntarse cosas. ¿Y si me engaña? ¿Y si me deja? ¿Y si no soy suficientemente atractiva? ¿Y si conoce a alguien mejor?

Los putos «y si», ya me entiendes.

Cuando tu mente está en modo científico, esas preguntas que surgen dentro de tus teorías se convierten en hipótesis que podrían ayudarte —o condenarte en el infierno— si haces una buena investigación.

Cuidado con quién sales a cenar

> *¡Mardito roedore!* ¡Tomad esto, y esto, y esto otro!
>
> El gato Jinks a Pixie y Dixie

¡Malditas hipótesis! Pueden ser una bendición o tu peor pesadilla. No hace falta que te diga cómo sufría mi paciente mientras esas preguntas mordían su corazón y centrifugaban su mente. Le asaltaban escenarios muy temidos y se encontraba al borde de un ataque de nervios. Como este capítulo va de pensamiento científico, echando mano a San Google he encontrado estas definiciones para la palabra hipótesis:

Suposición hecha a partir de unos datos que sirve de base para iniciar una investigación o una argumentación.

Suposición de que algo podría ser, o no ser, posible.

Su-po-si-ción.

Si lo supones, no estás seguro. Deberás hacer comprobaciones para dar por cierta tu hipótesis o desecharla. Si esa chica pensaba que tal vez ella no era tan interesante como otras mujeres, tenía que rechazar o validar esa idea «investigando».

Esa es la base del método científico. Te lo resumo: tengo una teoría sobre algo, me planteo preguntas interesantes, me siento curioso e investigo. Los resultados me dirán si voy bien o voy mal. Me sigues, ¿no?

Un antiguo profesor mío, el psicólogo y autor de más de treinta libros Bill O'Hanlon, suele decir que no debes casarte nunca con una hipótesis. Yo añado que ni siquiera deberías ir a cenar con ellas.

Recuerda que una hipótesis es una suposición.

¿Aún crees en los gnomos?

Hace un tiempo, una familia vino a consultarme porque Sofía, su hija mayor de catorce años, comía poco y se estaba machacando en el gimnasio. Los padres habían intentado convencerla de que se alimentara más y de que no hiciera tanto ejercicio. Yo había estudiado Terapia Familiar y los reuní en una sesión para evaluar el problema. Siguiendo las indicaciones de mis maestros, debía preguntar a los cuatro miembros de la familia cuál pensaban que era el problema. Los tenía ahí sentados, papá, mamá, la hija que comía poco y el chico pequeño, de unos once años. Decidí empezar por él. «Óscar, según tú, ¿cuál es el problema?». Se trataba de un chaval inteligente y dio su versión casi sin pensar. Lo que le agobiaba era que Sofía se enfadara tanto con sus padres. Según él, Sofía pensaba que la querían engordar. Luego, siguiendo un orden que me inventé en ese momento, miré a la muchacha. Tenía unos bonitos ojos grandes y negros que irradiaban carácter. Dijo que estaba bien y que sus padres eran muy pesados. La habían acusado de tener un trastorno de alimentación, pero ella lo negaba. Al parecer, las comidas familiares se le hacían un coñazo por esta cuestión. «Por su culpa se me quita el hambre», dijo desafiante. Después le tocó el turno al papá. Era un tipo atractivo, bronceado y nervioso, de esos que se ponen a hacer triatlón a los cincuenta como si el mundo se acabara. Para él la cuestión era importante, pero consideraba que su esposa se lo tomaba a la tremenda. Recorrí con mi vista a todos y pregunté a la madre, que llevaba un rato impaciente y agitándose en la silla como la hija del exorcista. Esto fue lo que me dijo:

«Todo esto está muy bien, pero ¡ahora yo te voy a contar *la verdad*!».

Pensé que ese tipo de cagada nos sucede a menudo. Confundir tu hipótesis con la realidad es como creer que David el Gnomo existe.

La autoestima es una teoría

Hace unos años, tuve un alumno que es forense. El tío es un personaje que tiene su coña. Cuando lo conocí, de inmediato sentí curiosidad por su trabajo. Me encantó cómo definía su labor: «Hago hablar a los muertos», me dijo. Un día, comentando algo sobre autoestimarse, me soltó muy en serio que jamás, en veinte años de profesión, había encontrado la autoestima al estudiar un cadáver.

Me hizo reflexionar.

La autoestima no es una diabetes, un hígado inflamado o un hueso que se puede romper. Es un concepto.

Un concepto es una opinión, una idea sobre algo. Piénsalo.

No olvides que, si no es real, no deberías tratarlo como algo palpable que puedes manipular. Recuerda que el valor de una teoría radica en su utilidad, no tanto en si es cierta. Si sirve, chimpún, y como diría la Carrà, te quedas con ella hasta que tengas otra mejor.

3

¡SIGUE INSISTIENDO, IDIOTA!

> Nada es más divertido que la infelicidad, te lo aseguro.
>
> SAMUEL BECKETT

Has sobrevivido al capítulo anterior. Enhorabuena. Ahora sabes que una teoría no es lo mismo que la realidad, y pobre de ti si sigues creyendo que lo que piensas es la pura verdad. Igual te parece obvio, pero hasta ahora has tenido fe en la mayoría de tus pensamientos y lo jodido de eso es que parecían tener lógica.

¿Te parece que todo el mundo va a contracorriente? No te enfades, puede pasar que consideres que siempre tienes razón y que la vida tendría que ser como tú quieres.

Ese es el secreto de que te cueste tanto cambiar a mejor. (Supongo que ya te habrás dado cuenta de que a peor cambias de manera natural y sin esfuerzo).

Estás aferrado a tus creencias y a tus hipótesis. Tus acciones son consecuencia de ellas. Si para ti los hechos están equivocados porque tu teoría es la correcta, vas a parecer uno de esos viejos que te insultan cuando pasas con el coche a más de diez metros de ellos por un paso de cebra. Exacto, el típico protestón.

No te voy a engañar, cambiar a mejor supone cuestionarte. No hace falta que te machaques como un idiota, pero sí dejar de creer en todo lo que te has contado sin ponerte a dudar. Para ilustrar eso, suelo recordar a Dani, un paciente mío que tuvo hace años un brote psicótico. Presentó una serie de síntomas, escuchaba voces, y se encerró en sí mismo. Lo visité algunas veces, y me coordiné con el psiquiatra que lo llevaba. El médico era un fulano fascinante. Me reuní con él y llegamos a la conclusión de que podíamos diagnosticar de nuevo a Dani. En lugar de decir que sufría psicosis, lo que para él significaba estar loco y no poder tener vida normal, convencí a su doctor de que le dijera que su diagnóstico era depresión con síntomas psicóticos. Se trataba de un pequeño truco, en el que podíamos explicar lo que le había ocurrido de otra manera. Daniel recibió su nuevo diagnóstico con gran alegría, desde hacía tiempo estaba mejor, y el hecho de que reexplicáramos su episodio como la consecuencia de una depresión que parecía superada le dio mucha confianza. A partir de aquel momento, lo animamos a hacer más vida normal. Reemprendió sus entrenos y empezó a trabajar. Su recuperación fue muy rápida y, tres años después, sigue bien.

La nueva explicación cuestionó lo que Dani pensaba de sí mismo y modificó de inmediato su visión sobre el problema.

Cuando las cosas se mantienen, y tu vida se convierte una y otra vez en la misma maldita cosa, atreverte a cuestionar tus ideas puede ayudar a obtener resultados interesantes. En este caso, bravo por Dani, por supuesto, pero también pido un fuerte aplauso para su psiquiatra. Un verdadero crack que se atrevió a cambiar sus ideas sobre el asunto.

El Juego de la Oca

Los humanos tenemos poco repertorio de soluciones a los problemas cotidianos. Tu coco es perezoso y no se esfuerza demasiado en encontrar caminos nuevos para enfrentar la vida. Cuando tu cerebro intenta ahorrar trabajo para ir más rápido en resolver algo, la psicología llama a eso «heurística». Tu mente trata de pillar atajos para ahorrar energía. Como cuando en el Juego de la Oca podías gritar: «¡De oca en oca y tiro porque me toca!». Las normas del juego te permitían ir por un camino más corto y podías dejar pasmados a tus colegas.

Cuando se encara una nueva dificultad, tratas de ir de oca en oca.

Ese perezosillo responde con soluciones que tuvieron éxito en ocasiones parecidas sin pensar demasiado. Lo que sucede es que, a lo mejor, la situación o sus condiciones no son las mismas. Las reglas del juego pueden haber cambiado.

Si has tenido ansiedad, esto te va a sonar. Al principio, cuando el miedo es moderado, tratas de calmarte, respirar o controlar la corriente emocional que llega. La lógica a la que llamaremos «calmarte» funciona. Lo que ocurre es que, si lo que te causa el problema no se resuelve de una manera conveniente, la ansiedad volverá con más fuerza y la emoción se desbordará. ¿Sabes qué suele pasar entonces? Te lo diré: tratarás de calmarte de nuevo, esta vez sin éxito.

Te preguntarás: «¿Qué coño está pasando?

¡Antes conseguía tranquilizarme!». Todos tus intentos de control, si tu grado de nerviosismo es muy elevado, fracasarán. Y ya sabes lo que va a ocurrir, vas a estallar como un globo de agua en una fiesta de preadolescentes.

¿Lo ves? La lógica de tu cerebro te está diciendo que intentar tranquilizarte es la solución correcta. «Ha funcionado en el pasado, Manuel. Si ahora no va bien es que o estás bien jodido o no estás poniendo suficiente de tu parte».

Este es el condenado bucle que convierte un problema en algo diabólico.

Me flipa lo creativos que somos, insistes hasta que te dejas los cuernos en el intento.

Te cuento un ejemplo.

Asustado por sus pensamientos obsesivos, Andrés tenía miedo de pisar una caca de perro por la calle y contaminarse. Le daba tanto pánico esa posibilidad que, cuando salía a comprar o a trabajar, tenía ataques de ansiedad. Pensaba que la calle era un lugar bastante sucio y que sus conciudadanos eran unos guarros indeseables. Le resultaba tan molesto tener que lavarse al regresar a casa que empezó a no salir a la calle. Estaba tan recluido por sus miedos que el confinamiento, durante la pandemia, resultó una bendición para él. Podía teletrabajar y pedía sus compras por internet.

Pero llegó el día en el que la pandemia amainó y su empresa pidió a los trabajadores que volvieran a la presencialidad. Se acabó su tranquilidad. Tras tantos meses de evitación, solo imaginar que tenía que ir por la calle le produjo un fuerte ataque de pánico y decidió pedir la baja para seguir encerrado. ¡Ni siquiera tuvo que salir de casa para ponerse de los nervios!

Evitar una situación temida es útil, desde luego. Si te digo que evites bañarte en una playa determinada porque está infestada de medusas radiactivas, lo mejor que puedes hacer es abstenerte de hacerlo. A mí me preocupa el asunto si dejas de hacer algo necesario, como salir a trabajar o a comprar. Para Andrés, evitar se había convertido en su única solución, y eso lo estaba enterrando en vida.

Esta era la fórmula de Andrés para vivir en el infierno:

1. Tuve un episodio de pánico en la calle, pensé que me moría.
2. Temo volver a tenerlo si salgo a la calle. (Teoría: La calle es muy peligrosa).
3. Solución intentada: Evitar salir para no tener miedo. (Tiene una lógica razonable, ¿para qué sufrir?).
4. Resultado: Sigo teniendo miedo, y además cada vez confío menos en mi capacidad.
5. Refuerzo de la solución intentada: Evito más. (Se mantiene el miedo a morir en la calle y se perpetúa y cronifica el problema).

Cuando tu teoría es disparatada, echar los hígados en aplicar lo que parece lógico hará que lo pases peor toda la eternidad.

El problema diabólico

Un problema diabólico es aquel que empeora con tus intentos de arreglarlo. Después de veinticinco años como psicólogo, lo veo a diario. Por ejemplo, si tienes una pareja que no te hace caso en algún asunto, tratas de convencerla. Si no cambia su actitud, ¿qué harás? Lo hablarás otra vez. Y conozco casos de parejas que llevan diez años discutiendo como locos sobre un tema, sin resultado ninguno, salvo los disgustos y el malestar que les causa esa situación.

Esa es la verdadera locura, mantener los mismos intentos de solución que, en lugar de resolverlo, mantienen o empeoran el problema. ¿Y por qué sigues insistiendo en algo que no funciona, pardillo? Te lo voy a decir: porque en tu cabeza suena bien. Me recuerdas a un jugador de póquer que, habiendo perdido un montón de pasta, pide crédito a la mafia para ver si recupera su suerte. Apuestas por lo que parece una teoría ganadora, actúas y, como no obtienes el resultado deseado, en lugar de cuestionar tus esquemas mentales, te dices a ti mismo que eres un mierda, sigues jugando a lo mismo y la vida te despluma.

Autoestima Chucky

> Adelante, dispara. Volveré de regreso, siempre lo hago.
>
> Chucky

Supongamos que esto podemos aplicarlo a todo este rollo de «autoestimarse». Imagina que has creído, o, mejor dicho, te han hecho creer, que tienes una autoestima de mierda por esto o lo otro. Te han vendido la moto de que lo que te sucede tiene que ver con no quererte bastante. Eso es lo que causa tu infortunio.

Si aceptas la teoría, debes aceptar la cura.

Como no te quieres lo suficiente, debes forzarte para quererte como Dios manda.

¿Es eso verdad?

Es como el metaverso, cuando te pones las gafas de trescientos pavos, la vida real pasa a un segundo plano. Tu cerebro monta un festival flamenco en tu interior y no diferencia lo que ve en esa realidad virtual de lo que ocurre fuera.

No es verdad que no te quieres lo suficiente. Es una manera de verlo, nada más.

Puedo contarte el caso de Leandro, un músico que pretendía modificar toda su vida. «Soy un desastre y mi mujer me ha dado un ultimátum. Tengo que cambiar o lo perderé todo». Desgranó todos los problemas que le causaba ser como era, discutía con todos mientras quería contentarlos, no ponía límites a sus personas cercanas, no afrontaba los conflictos y cada vez se sentía peor. «Todo esto me pasa —se lamentaba— porque no tengo autoestima». Le pregunté qué haría si la tuviera y me dijo: «Me levantaría temprano, me ocuparía de mis niñas, saldría a trabajar a tiempo, dejaría de gastar dinero en proyectos banales y cuidaría de las personas que amo. He ido a muchos psicólogos y la teoría me la sé. Debo poner de mi parte, cambiar hábitos y ser más organizado».

Me parto.

Había visitado a cuatro profesionales antes de venir a verme. Como buen argentino, tenía la cultura de la terapia en su ADN, y se culpaba a sí mismo, se definía como vago, bohemio y pelotudo.*

Cuando trabajo con una persona, lo que quiero saber es qué ha probado hacer para resolver su problema. Es puro egoísmo. Por loco que te parezca, cuando las personas me cuentan qué han hecho, si no han tenido éxito, suelo pensar que la solución que necesitan está en otro lado. Me la suda si lo que hacen es lo que haría cualquiera o

* En Argentina, se trata de una persona con pocas luces o que obra como si no las tuviera.

lo que ponen los libros. Leandro había tratado, sin conseguirlo, subir su autoestima pidiéndose un cambio que me parecía imposible:

Convertir a un latino seductor en una especie de ingeniero germano.

Tenía un buen reto ante sí mismo. Cambiar tan a lo bestia como le habían sugerido y deseaba, era tan difícil como que yo baile *El Cascanueces*, de Chaikovski, en la Ópera de Milán.

En estos supuestos, cuando nos esforzamos en ser otros porque vemos que somos unos flojos y no nos aceptamos del todo, acabamos rendidos y desanimados en la cuneta de la vida. Vemos a los demás pasar a toda velocidad y nos sentimos tan pelotudos como Leandro porque la grúa nunca llega.

Si eso te sucede, tu autoestima es tan diabólica como Chucky.

4

NO TIENES NI IDEA DE QUERERTE

Lo que ha sido creído siempre por todos, en todas partes, tiene todas las posibilidades de ser mentira.

Paul Valéry

No sabes quererte y voy a probarlo.

El otro día escuché en el metro la conversación que tenían dos chicas sentadas junto a mí, en el vagón (sí, soy un cotilla). Una de ellas se sentía triste y decepcionada por algunas cosas que había vivido con su novio. Mientras la escuchaba, su amiga se iba encendiendo. «¡No me digas, ¿hizo eso? ¿Y qué le respondiste? Oh, tía,

¡no te quieres nada! ¿Por qué aguantas esta situación?».

Su amiga no tenía ni idea.

En mi opinión, la chica se aprecia tanto que espera que el otro cambie porque es la hostia. Sobreestima su influjo, colega. Lo que se me ocurrió al escuchar la queja de la chica es que, como ella se quería tanto, se frustraba al ver que el chico no hacía lo que ella deseaba.

Si lo que te acabo de contar te ha dejado flipando, déjame que te diga que no tienes ni idea de lo que es quererse a uno mismo.

Las cuatro Pilis

Nathaniel Branden, el gran gurú de la autoestima azucarada, describe cuatro puntos vitales para quererse bien, que él llama «pilares». Como cientos de autores lo han copiado durante décadas, estos principios han calado en tu ADN y no va a resultar fácil quitar ese veneno que se ha mezclado dentro de ti. Sucede como en esas películas en las que algunos personajes son contaminados por un virus que, poco a poco, los convierte en zombis. Tan solo tienes que mirar a tu alrededor para descubrir a los muertos que caminan, impregnados del virus letal* de la autoestima *happy flower*. Si afinas tu atención, podrás sentir su fétido aliento cerca de ti.

Pero, espera, iba por «Las cuatro Pilis» de Branden. Veamos:

Pili 1: Vivir conscientemente y estar conectado.

Pili 2: Aceptarte a ti mismo.

Pili 3: Responsabilizarte de ti y ser el artífice de tu propia vida.

Pili 4: Autoafirmarse.

* Te recuerdo que este libro es el antídoto.

Piénsalos con calma.

Entre tú y yo, ¿no los ves un poco chorras?

Vive conscientemente por la gloria de mi madre

Lo que tienen estas memeces es que suenan bien. Si la consciencia es la única solución para tu malestar, estás en un aprieto, te lo aseguro. Si un camión viene disparado hacia ti a noventa kilómetros por hora, no te hace falta la consciencia: necesitas nervio y buenas piernas para saltar. ¿Qué es vivir conscientemente? ¿Ser una especie de Buda? No asumas que respirar lento y llevar pantalones de lino va a mejorar sin más tu vida. Si has escuchado frases del tipo «vivir en tu centro», «estar en ti», «tener presencia», «no dejarse arrastrar por los acontecimientos» o «florecer en la tormenta», sabes lo que quiero decir. Pretender ser Obi Wan Kenobi y meditar no está mal, pero no va a liberarte. No digo que sean actividades dañinas, ni estoy en contra de que las hagas si te molan. Pero otra cosa es pensar que son necesarias para vivir bien. No sé qué te parece a ti, pero a muchas personas que conozco que pretenden convertirse en caballeros Jedi las veo fatal.

Si paseas por el barrio de Gràcia, en Barcelona, hasta las peluquerías para perros son «conscientes»... Es una especie de palabra de moda para ser más profundo. Aunque puedo asegurarte que mi amiga Yasmi, de San Blas, en Madrid, factura muchísimo más con su espacio de belleza canina. Todo dueño de chucho guay que se precie quiere que sea Yasmi, o alguien de su equipo, quien lo asesore. Puedo asegurarte que ella se siente feliz con su trabajo, adora a los animales, aunque suele ir bastante de culo. Cuando le comenté cómo lo llevaba me dijo: «Descansaré cuando me muera, a mí esto me da la vida. Me aburre la lentitud».

Acéptate, gavilán

Esto voy a reventarlo en una sola frase.

Si necesitas forzarlo, ya no te estás aceptando.

Mónica me consultó porque llevaba un par de años en una empresa tecnológica y lo estaba pasando fatal. No acababa de entenderse bien con sus compañeros y se sentía molesta porque trataban de seducirla. Es ingeniera de telecos, desarrolla videojuegos y también es una mujer atractiva. En su empresa todo eran chicos, ya puedes imaginar, *nerds*, frikis de los ordenadores y gente con barba sin arreglar y camisetas negras de Sepultura* que desprenden olor a humanidad.

Estaba harta de comentarios machistas, y como siempre estaba seria, le decían que era una borde. Había tenido que lidiar con ese comenta-

* Sepultura es una banda brasileña de thrash metal.

rio desde niña por ser una chica con carácter, y ya estaba harta. Me dijo que ella se sentía buena gente y que no estaba de acuerdo con lo que le decían. Quería que le ayudara a aceptarse tal y como era. Fue la terapia más sencilla que he tenido nunca

Le dije: «Ya lo haces, lo único que tienes que aceptar es que no te aceptas. Continúa rabiando y que les den. ¡Ah!, y sigue la cuenta de la doctora Pérfida en Instagram, te va a molar».

En nuestro siguiente encuentro me relató que se había descojonado bastante con la increíble Pérfida. Lo más curioso de todo fue que dejó de obligarse y, de inmediato, se tranquilizó. Empezó anunciando que, efectivamente, era borde. Más tarde se atrevió a mandar a la mierda a la peña de su trabajo. Poco a poco, la cosa se fue suavizando. A pesar de que sus compañeros no tenían demasiada inteligencia emocional, se dieron cuenta de que Mónica no entraba al trapo y dejaron de interpelarla. Esta es una de las paradojas de la autoestima: aceptar que no se aceptaba le permitió aceptarse.

¿Cómo se te queda el *body*?

Sé el Miguel Ángel de tu vida

De todas las obviedades que te puedan contar, esta es una de las más peligrosas. El fondo del mensaje es que tú puedes lograr lo que quieras solo con proponértelo, al margen de tus condicionantes sociales, culturales, familiares y económicas. Nadie es una isla, no eres quién eres solo por ti... Como decía el filósofo Ortega y Gasset: «Soy yo y mis circunstancias». Entiendo que tener una vida digna pasa por responsabilizarte de tus acciones. Debes tomar decisiones, enfrentar mil dificultades, y buena parte de tu suerte depende de las iniciativas tomadas. Lo que no te conviene olvidar es que hay personas que salen de cuatro pisos más arriba que tú, o de tres pisos por debajo.

Un conocido mío, higienista dental, trabajaba en la clínica de su padre, un odontólogo de relumbrón. Solía mofarse de los compañeros que habían estudiado con él porque trabajaban por un sueldo mucho menor que el suyo. ¡Menudo gilipollas! No se daba cuenta de que era un niño afortunado de papá.

No te recomiendo que te creas el puto amo por haber logrado algo, eso no solo no te hace mejor que nadie, ni demuestra que te sabes querer. Te convierte en un simple pretencioso.

Lo que sé de buena tinta es que obligarte a pensar que todo depende de ti puede hacer sucumbir tu autoestima si no salen las cosas como esperas.

¡Autoafírmate, imbécil!

El mandato *happy flower* te dirá que cuando te sientas una mierda, te empoderes. Frente a la vulnerabilidad, los condenados naifs asumen que deberías venirte arriba, mirar al frente y darte unas buenas palmaditas en la espalda. Me pregunto cómo has podido sobrevivir sin aplicar las cuatro Pilis. Como suelo contar, el pensamiento naif propone que puedes superponer una emoción agradable a una desagradable. Eso es imposible. Si un alienígena hambriento te ataca, lo normal es que te cagues de miedo, no que pienses en positivo. Imagina lo que sucedería si tratas de relajarte en esa situación y te preguntas: «¿Qué ha venido a enseñarme este marciano asesino?».

Cuando tu autoconfianza flaquea, medítalo bien, te sientes inseguro, y autoafirmarse en esa situación puede llevarte a sentir cosas extrañas. Tratas de afirmarte y te das cuenta de que estás como un flan, con lo que te sientes peor. O bien afirmas tu propia inseguridad y te tiras por la ventana.

Desafío total

Autoestimarte es complicado. Tiene mucho de contradictorio. Es una locura, solo podrás quererte bien cuando seas consciente en medio de un puto huracán, si te empoderas cuando te sientes sin fuerzas, si te haces responsable de tus miserias cuando caen chuzos de punta a tu alrededor y, sobre todo, cuando te reafirmas en los momentos en los que no crees en ti.

Eso no lo hace nadie como tú y como yo. No me he encontrado a ninguna persona «normal» que logre tales proezas. Por eso estamos tan mal de esa presunta autoestima, porque solo puedes fracasar en el intento.

Nos lo creímos todos y ha funcionado con muy pocos. Nuestros abuelos, por ejemplo, no necesitaron tanta autoestima para salir adelante tras la guerra, y en su mayoría eran puro amor.

Pero no sufras, para esto estoy yo. Para ayudarte en el desafío total.

5

LA AUTOESTIMA TENÍA UN PRECIO

La suerte es veneno cuando la apuesta es tu pellejo.

Sergio Leone

Expectativas

Una de las claves del autoquererte tiene que ver con las expectativas. Como ya he dicho, para mirarte con buenos ojos debes poder palpar los resultados que vas obteniendo en aquellos asuntos que consideras importantes en tu vida. Esos logros están relacionados con la envergadura de lo que yo llamo tu «tarea vital». Tal y como dice uno de mis profesores, Stephen Gilligan, todos estamos tarados de serie. Este psicólogo estadounidense opina que no te debes preocupar demasiado por tus defectos porque empeorarás. Para mí, la tarea vital es enfrentar tus mierdas de serie para conseguir salir con un aprobado de la vida. Eso que los profesionales llamamos «trabajárselo». Debes tener claro que, cuantas más carencias, traumas y heridas cargas, más sesiones de fisioterapia deberás hacer en el hospital del alma.

Una cosa chocante es que cuanta más confianza posees, más expectativas tienes y podría ser más fácil cagarla y evaluarte para mal. Lo ilustraré con un ejemplo: hace décadas fui un deportista de élite. Ahora, veinticinco años después, cuando me apunto al gimnasio mis expectativas son altas. Me imagino que aún conservo a aquel atleta en mi interior y, cuando hago dos *burpees*, me siento flojo y mareado. El resultado de ello es que salgo del gimnasio con el ego muy tocado. Tener tanta autoestima inicial es una maldición, te lo aseguro.

En mi visión sobre todo ello, la capacidad de calibrar bien las expectativas es una habilidad clave para vivir bien. El actor Errol Flynn decía que su destreza como espadachín radicaba en saber sostener el sable. «Hay que cogerlo como a un pájaro, ni demasiado fuerte para aplastarlo, ni demasiado flojo para que se escape».

Compro. ¡Cuántas realidades de la vida dependen de sostenerlas con arte! ¿No crees?

Aristóteles afirmaba que cualquiera puede enfadarse, pero hacerlo con la persona adecuada, en el grado exacto y en el momento oportuno, ya no es tan sencillo. Voy a llevarlo a mi terreno: la madurez se alcanza cuando tienes las expectativas adecuadas, en el grado exacto y en el momento oportuno.

Poder y ser capaz

Otra de las grandes mentiras de la psicología positiva es la de «querer es poder». ¡Menudo embuste!

No siempre que quieres, puedes, ni siempre que puedes, quieres.

Hay muchas maneras de contarlo y lo haré hablando de un caso. Albert era un joven apuesto de veintinueve años que andaba medio deprimido. Las cosas siempre le habían ido bien, había sido buen estudiante y ahora estaba preparando unas aburridas oposiciones. Llevaba unos meses bastante desconectado de la academia en la que se preparaba para ello. Aunque estudiaba algunas horas al día, se sentía sin fuerzas. Me contó que no se reconocía a sí mismo, nunca le había costado estudiar y tenía buena memoria, pero las oposiciones se acercaban y cada vez se sentía más desanimado. Cuando le pregunté qué plan de trabajo tenía para resolver este problema, me respondió lo siguiente: «Cada noche me siento fatal, como si hubiera perdido el tiempo. Me meto en la cama y doy muchas vueltas, y en las últimas semanas me cuesta dormir. Al final, me hago un plan mental de todo lo que haré a partir de mañana. Levantarme temprano, ponerme cuatro horas a estudiar, ducharme y comer. Por la tarde, volver a repasar lo estudiado hasta las ocho y luego salir a tomar algo con los amigos. Así lo he hecho siempre durante mis estudios, sé que puedo hacerlo. Lo que sucede es que, al día siguiente, me doy cuenta de que no me apetece, lo pospongo y no me siento capaz de hacer nada de provecho. Me siento tan culpable que ni siquiera salgo a la cerveza de la tarde, estoy muy mal».

No hace falta que me digas nada más. Te ha quedado un problema diabólico precioso. Cuanto más te pides hacerlo todo bien por la mañana, menos lo haces. Y como no lo haces, te maldices e insistes en que deberías ponerte a ello.

Si caes en esa trampa durante semanas, ¿cómo

crees que acaba la autoestima de alguien en una situación así?

Te lo digo: como unos calzoncillos viejos, roídos por el pis y con la goma floja.

Quiero simplificar tu vida, pero no de cualquier forma. Pretendo que seas consciente de las diferencias sutiles entre palabras, entre ideas.

Potencialidad

Ha llegado el momento de que te presente a las tres brujas: potencialidad, posibilidad y capacidad. Estas tres palabrejas van a darnos bastante juego. Las llamo «brujas» porque, si no las diferencias, tienen el poder de complicarte la vida. Si las confundes, beberás su pócima venenosa.

Para explicarte la primera de ellas, la potencialidad, quiero describir una situación y luego plantearte una pregunta: tengo sesenta años y estoy sano. De hecho, no hace demasiado tiempo me hice unos análisis y una prueba de esfuerzo; ambos salieron bien, aunque apenas hago ejercicio y tengo un trabajo sedentario.

Ahí va la pregunta: ¿Puedo correr la maratón de Londres?

... medítalo bien...

No soy licenciado en actividad física y deporte, pero podría hacerlo de manera potencial. Es decir, ahora mismo no puedo, no tengo la capacidad de hacerlo. La potencialidad está latente, como un espía infiltrado que aún no ha empezado a trabajar. Esta latencia nos induce a error cuando la tomamos por algo inmediato. Que aflore requiere de tiempo y de un plan.

Si me pusiera en manos de una entrenadora y un nutricionista, y le dedicara la energía necesaria, tal vez convertiría lo potencial en posible. Y, ¡ojo!, no estoy hablando de correr una maratón en dos horas y media. Me refiero a acabarla como sea. Lo que los pijos llaman ser *finisher*.

Puedes bastante

> Tenéis muchos sueños, buscáis la fama.
> Pero la fama cuesta. Aquí es donde vais a empezar a pagar.
>
> Lydia Grant,
> en *Fama*

Me sorprende lo que las personas son capaces de hacer si se centran en ello. Como explicaré más adelante, eso es lo difícil. Echarle ovarios. Aunque no lo puedes todo, te aseguro que puedes bastante si estás dispuesto a pagar el precio.

No te apures, no estoy escribiendo un libro de estoicismo y motivación barata, tipo «*No pain no gain*» o «*No fight no life*». Solo explico algo evidente. Potencialmente puedes hacer muchas cosas.

Posibilidad

He puesto el ejemplo de la maratón para ilustrar la idea, sirve para cualquier proyecto grande. Aunque viera documentales motivadores o me hinchara a leer mensajes de Pinterest es imposible que corra una maratón como esa.

Im-po-si-ble.

La posibilidad de hacer algo va a estar conectada a muchas cosas, no solo a la motivación. Los *happy flower* piensan que, si lo deseas muy muy fuerte, vas a galopar como un atleta etíope perseguido por una manada de hienas. Para embarcarte en un proyecto así te hará falta alguien que se quede con los niños a la hora del entreno. Necesitas perseverancia, que tus amigos no te digan que eres una loca y que tu pareja, si la tienes, te dé cobertura en la logística. Y eso sin mencionar que puedas pagar una dietista, una entrenadora y una fisio, porque las vas a necesitar.

No hagas caso a los caraduras de Instagram

que sonríen mientras corren como caballos en un prado de Montana. No tienes ni puta idea del precio que pagan por hacer eso (ni del que cobran).

Volvamos al bueno de Albert. ¿Te habías olvidado de él? Llevaba meses estudiando una oposición cuyo contenido le importaba una mierda. Se estaba deprimiendo y se pedía a sí mismo funcionar como cuando estaba feliz y haciendo algo que le gustaba. No es lo mismo acostarte con alguien por obligación que por pasión, ¿verdad?

Para Albert, era imposible levantarse pronto para estudiar durante ocho horas, por más que lo hubiera hecho en el pasado. Por tanto, potencialmente podía hacerlo (en su cabeza), pero no era posible en ese momento. Teníamos que lograrlo de otra manera.*

* Podrás saber cuáles fueron las soluciones a los casos que aparecen en el libro en el Apéndice. En mi anterior obra, *Psicología Punk*, me llevé la bronca por no contarlas. Tan solo quería ser humilde, pero no supe hacerlo bien.

Capacidad

¿Recuerdas que en el primer capítulo cité a Virginia Satir? Ella definió la autoestima, también, como una sensación de sentirte capaz.

Una capacidad es algo que requiere de una práctica y un aprendizaje. Puedes aprender una capacidad, es una cuestión de tiempo y dedicación. Si quiero aprender a pintar Sumi-e, un tipo de pintura oriental que se realiza con tinta china, me tendrán que enseñar, y deberé practicar hasta integrarlo como una habilidad. No hay otra, nene. Como decía mi profesor de kárate: «Nadie nace maestro».

Pedirle a un niño con TDAH que se concentre y haga las cosas bien en el colegio es reclamarle una capacidad que no tiene. Sobre todo, si comparamos al niño hiperactivo nacido en noviembre con la empollona de la clase nacida en enero. Evaluar la capacidad del niño con déficit de atención e hiperactividad es un asunto complejo incluso para los especialistas. ¿Cuántas veces me reuní con tutores que me decían que por poco que mis hijos (todos con TDAH) pusieran de su parte y se organizaran, aprobarían? Es como insistirle a tu abuela de noventa años para que haga TikToks haciendo *twerking* si no sabe ni usar un *smartphone*.

Como ves, hasta los más expertos podrían confundir estos tres conceptos y liarla parda.

Por un puñado de dólares te recuerdo que...

Si enlazas tu autoestima con el hecho de conseguir tus deseos, necesitarás tener en cuenta estos cinco puntos para no perder el pellejo:

1. Ajusta bien tus expectativas: no te flipes con lo que puedes hacer. Con el tiempo, te vas tomando la medida y aciertas mejor al

asumir proyectos que, aun tirando de ti, puedes lograr.

2. Diferencia aquello que puedes hacer «en potencia» de lo que estás en disposición de hacer ahora mismo.
3. Date cuenta de que el hecho de que algo sea posible no implica que seas capaz de hacerlo; en mil ocasiones tendrás que planificarlo y, a lo mejor, estudiar o aprender algo.
4. Comprende que todo es cuestión de lo que eres capaz de invertir. Tu familia, tu pareja, tu dinero o lo que sea.
5. Recuerda que no todo va a depender de ti.

6

¿QUÉ HAS DE SABER PARA PUNKEAR TU AUTOESTIMA?

> Yo no busco, encuentro.
>
> Pablo Picasso

Misterios del Templo Shaolin

Este viaje empieza ahora, pequeño Padawan. Si eres humano, tienes carencias. En el fondo, nadie se escapa de ser un poco mierda y, aunque te parezca mentira, eso es lo sano. Te aseguro que he leído muchas mandangas sobre la autoestima antes de lanzarme a escribir este libro. He llegado a la conclusión de que si encuentras a alguien que haga todo lo que dicen los gurús, no te quepa duda de que te parecerá un presuntuoso.

No, espera. Un pringado presuntuoso.

Solo un narcisista de élite, o un psicópata, presenta una autoestima a prueba de bomba. El resto de la gente, grupo en el que estamos incluidos tú y yo, llevamos tantas muescas en el alma que por eso comprendemos el sufrimiento. Nuestras heridas, aunque sean diferentes, nos acaban igualando.

¿Te imaginas vivir con Don Perfecto Santurrón? Yo no, me darían arcadas.

Llevar una vida digna no es tan fácil como gastar dinero en cosas inútiles. Todo lo importante tiene su complicación.

La autoestima no es estática, no es algo que puedas pesar, medir o hacer crecer. En realidad, se parece a tu olor corporal. Siempre va contigo, pero cambia en función de las situaciones.

A veces hueles a mofeta y otras, a flores.

Gente a la que admiro me ha dicho que soy un

majara por pretender enseñarte el secreto de punkear tu autoestima. No sé, pienso que lo loco de verdad es saber que hay algo que puede mejorar tu vida y no explicarlo. No es una tarea sencilla tratar de reducir gran parte de la psicología profunda a unas pocas páginas, aunque vale la pena intentarlo para ti. Después de hacerlo, puede que algunos expertos de la psicología me hagan *hate*, y pese a eso, voy con todo. Me siento como esos antiguos maestros de kung fu a los que los monjes del Templo Shaolin* amenazaban por desvelar sus misterios y enseñar el arte oculto de la lucha a los profanos.

* La leyenda cuenta que el kung fu y las artes marciales nacieron en el Templo Shaolin (en la provincia de Henan, en el norte de China). Desde ahí se fueron expandiendo hacia el mundo.

Desorden en el desván

María había encontrado una manera de mantener su tipazo. Desde hacía un montón de años, solía darse atracones que, para que no le engordaran, resolvía vomitando. Cuando la visité, tenía treinta y tres años, y dirigía con brío un par de empresas. Tomás, su pareja, ni siquiera sabía lo que ocurría, y María se sentía muy mal porque ocultaba ese secreto. Había probado muchas terapias en ese tiempo y tenía conciencia de que era algo que debía cambiar. Ni siquiera pudo decirme cuántos terapeutas derrotó con su problema, pero imaginé sus cadáveres en las fosas comunes donde vamos a parar los profesionales cuando somos ineficientes. Durante la sesión, las emociones la visitaron, una tras otra: rabia, tristeza, resignación. Me contó que sabía la teoría, que había trabajado su historia y que no entendía por qué caía en la trampa una y otra vez. «Creo que es un problema de autoestima. Si la tuviera, comería normal y no me refugiaría en mis atracones».

Sonaba cierto. Tenía sentido, aunque... ese enfoque no le estaba funcionando.

Tu mente tiene un desván. Piensas que tomas las decisiones que te salen del toto, pero no es así. No existe el libre albedrío. Tu comportamiento está marcado por tu historia personal, tus aprendizajes, tus recuerdos y muchas cosas más. Puede que no seas consciente de ello; sin embargo, no dejas de jugar con las cartas marcadas.

Cuando hablamos de autoestima, entrar en el desván de tu cabeza debería ayudarte a clasificar eficientemente la realidad. En el ejemplo de María, muchas de sus terapeutas la llevaron a visitar su buhardilla interior, ese lugar en el que lo almacenamos todo. Debo advertirte que a algunos profesionales les encanta ir a removerlo porque eso crea mucha intensidad emocional. Que rabies y llores les pone cachondos, pero revisar los trastos viejos y dejarlos donde están no cambia nada. Pasear por ahí no es arreglarlo.

Una de las cosas que aprendí cuando mi vieja murió

Mi madre murió de repente. Se la llevó un infarto masivo. Como no hacía mucho que había enviudado de su marido, con el que vivió más de veinte años, no quedó nadie en la casa. Muy pocos días después, todavía en *shock*, tuvimos que vaciar su domicilio. Vivía de alquiler y el propietario nos apuró para desalojar el piso. Fue un episodio muy duro para mi hermana y para mí porque estábamos en plena fase inicial del duelo. A pesar de ello, enfrentamos la situación: entrar en esa casa, que no había sido la nuestra, e investigar a lo Sherlock Holmes para sacar todas sus pertenencias.

Descubrimos decenas de cacharros, libros y papeles que no sabíamos que tenía. Nos emocionamos al encontrar cachivaches de nuestro pasado y tuvimos que decidir qué cosas podíamos guardar, archivar o tirar.

Si has vivido algo así, ya sabes que supone un tomate emocional de cojones.

Vaciarlo implicó poner orden, elegir, guardar y limpiar. Clasifiqué recuerdos, aprendizajes, vivencias y pude deshacerme de lo que no me hacía falta. Todo eso forma parte de mí. Hay cosas de mi madre que siempre irán conmigo, conformando quién soy. No voy a cargar con todo, pero no puedo hacer borrón y cuenta nueva.

Para María, mi paciente, visitar el lugar del que venía, sin hacer elecciones y ajustes, no le había servido de nada. Seguía aferrada a su problema sin poder realizar cambios y la angustia del pasado le pesaba como una piedra que no podía vomitar.

Punkear tu autoestima pasa por tener que organizar ese maldito desván que tienes en tu cabeza para poder sacar partido a los bártulos emocionales que hay dentro.

Fiesta de «pongos»

Hace un par de veranos asistí a una fiesta de «pongos». Si te preguntas qué son, te lo cuento ahora.

Los pongos son esos regalos que te han hecho en la vida que son como un truño y de los que piensas: «Esto... ¿dónde lo pongo?». Son auténticas mierdas sin sentido, salvo para la mente retorcida de quien te las regaló. Podría tratarse de una bufanda de cuadros, una muñequita flamenca o una figura horrorosa de esas de Lladró. La cuestión es que cuando te la regalaron, no la estampaste en la cara de quien te la ofrecía porque era alguien al que de algún modo apreciabas (al menos hasta ese momento).

Como buen psicólogo, la fiesta de «pongos» me pareció una propuesta interesante para seguir comprobando cuánto puedes sorprenderte con las personas. Se celebraba en el piso de un colega, y cuando llegamos, aquello era una exposición de engendros varios: una tostadora vieja, cuadros con caballos multicolor, una virgen con fluorescencia que iluminaba la habitación si apagabas la luz. Varias tazas con elementos decorativos horrorosamente ochenteros estaban sobre una mesa, junto a un Mazinger Z al que le faltaba un pie. Libros, discos de Camilo Sesto y un sinfín de enseres desmadejados y sin vida.

Lo que ocurrió es que los invitados a la fiesta, que trajeron sus propios bártulos para intercambiar, se mostraban interesados por alguna mierda de los otros. Aquí es donde confieso que el Mazinger cojo me excitaba un poco. Ni una broma.

Salí flipando y pensé que, de algún modo, así era la vida.

Básicos para punkearte la estima

No soy nada amante de los consejos, pero sí me molan los recordatorios amistosos. Por eso tienes aquí cuatro puntos básicos a tener en cuenta.

- El verdadero objetivo de la vida es vivir, no pretender convertirte en un narcisista gilipollas al que le encanta conocerse. La salud mental no es ser una *Donna Angelicata*, se parece más a ser como la protagonista de *Fleabag*: alguien imperfecto capaz de funcionar en el mundo y despertar interés y ternura.
- No puedes separar lo que eres de las mierdas de tu desván emocional. Esos artefactos biográficos y vitales que llevas contigo te marcan y le dan sentido a tu existencia.
- Para punkearte bien, debes tener el coraje de ir al desván y reorganizarlo. No puedes cambiar el televisor viejo sobre la mesa de tu abuela por una pantalla plana de 90 pulgadas, chato. Lo punk es ver cómo te las arreglas con lo que encuentres ahí.
- La vida es una fiesta de «pongos»: lo que a ti te parece una verdadera porquería puede molar tanto a otros que ya no puedas mi-

rarlo igual. Tu autoestima está llena de muñecas flamencas llenas de polvo que volverían loca de alegría a una residencia entera de ancianos japoneses.

Ese es el verdadero trabajo que tienes que hacer. Me quedan nueve capítulos para ayudarte, y me pone mucho.

7

PERO TÚ ¿DE QUIÉN ERES?

> El único anormal es el que se niega a unirse a la locura de los demás, el que intenta resistirse.
>
> EUGÈNE IONESCO

Recuerdo el tórrido agosto en el que decidimos viajar a Carcassonne, una ciudad francesa preciosa. Al parecer, todos tuvimos la misma idea y había más españoles allí que en las terrazas de los bares de Madrid. Al llegar a la ciudad, nos encontramos con una muralla medieval fabulosa y con miles de personas tratando de entrar para dar un paseo por aquellas callejuelas llenas de historia.

En la explanada que da a la puerta principal del fortín había un tiovivo como el de la película *Mary Poppins*. Repleto de caballos y carrozas, con mil luces a su alrededor, estaba tan iluminado que parecía la nave de *Encuentros en la tercera fase*. Entre el gentío, vimos a un niño que andaba perdido. Gritaba y lloraba tanto que tenía la cara llena de mocos. Al verlo, me acerqué y dije en voz alta: «¿Este niño de quién es?». Él me miró con unos ojos muy grandes y exclamó: «¡Yo soy de mi mama!» (lo dijo sin tilde y puso el énfasis en la primera A).

Lo cogí de la mano, caminamos unos pasos y enseguida apareció su madre, asustada también, detrás de cincuenta taiwaneses que tiraban fotos como si la ciudad fuera a desvanecerse.

Yo soy de mi mama.

¿Y tú? ¿De quién eres?

Te comen los lobos

Si al rato de nacer te dejan en medio del bosque, ¿cuánto crees que durarías?

Si es un bosque de esos frondosos que salen en las series de crímenes nórdicas, te comen los lobos, o el demonio, o un marciano, en cero coma.

Lo tienes ya claro, ¿verdad? Como solito no vas a sobrevivir en ningún lado, vas a tener que depender de un grupo humano. Y le das al universo un voto de confianza, porque vas a ir a parar con gente a la que no has podido elegir. Si lo piensas bien, la probabilidad de que aterrices entre gente preparada para ejercer la paternidad de manera responsable es pequeña. Con suerte, uno de los dos padres sale bueno. Y si no los tienes buenos, además pueden joderte los abuelos, tíos, hermanos y otras rarezas.

Vuelvo a lo de ser un bebé.

El intercambio

Te aferras a tu entorno humano por una bonita razón: sobrevivir. Por eso los primeros años de tu infancia resultan determinantes para que acabes cayéndote bien. Si te parece que, de entrada, no le caías bien a los tuyos, la cosa pinta jodida.

Tu presente es resultado de un intercambio que nunca pudiste firmar, ni valorar. Para que esos seres «queridos» garantizaran tu seguridad, les ofreciste tu pertenencia a ese grupo. Así, a ciegas.

Los neurocientíficos modernillos dicen que eso es debido a las neuronas espejo, pero en mi barrio lo llamarían «no dar el cante». Como bebé y niño pequeño, te vas a esforzar en parecerte a las personas que te cuidan. Alguna parte de tu cerebro creerá que, si no eres como ellos, no les gustarás, y si eso sucede, te pueden abandonar.

¿Conoces el Albino United Football Club? Si no te suena, debes saber que es un equipo de fútbol que nació para proteger de la violencia racial y la brujería a las personas nacidas con albinismo en África. Los albinos son personas con la piel y el cabello totalmente blanco, no tienen pigmentación. Es un trastorno hereditario poco habitual.

En África, aún hoy, cuando nace un bebé albino corre un gran peligro. Es un niño muy blanco nacido en una familia negra. En muchos lugares, son considerados portadores de mala suerte y se les sacrifica al nacer, y también se llega a usar su piel y sus cabellos para hacer conjuros mágicos, tras raparlos y despellejarlos.

Eso es tan solo un ejemplo de lo que podría pasar si no te pareces a los que te han de cuidar. Por eso tu cerebro se va a encargar de que te tragues, junto a cada biberón, un montón de normas y asuntos familiares para que te miren con buenos ojos.

El encanto

> El encanto era un engaño para lograr que los desconocidos simpatizaran contigo y ganaras su confianza, aunque tuvieras las peores intenciones.
>
> KURT VONNEGUT

Eras un encanto.

Le decías a tu mamá que querías ser enfermera como ella, o a tu padre que ibas a tener un Mercedes Benz, para dejárselo. La naturaleza te había diseñado como una especie de cachorrito que reunía lo mejor de cada uno. Adorable.

Los buenos vendedores saben hacer eso, ser tu espejo. Se esfuerzan en entenderte muy bien para hacerte creer que son como tú. Conseguir eso es genial, lo enseño en mis cursos: si piensas que quien te vende ese vestido verde pistacho es como tú, es mucho más fácil sacar la tarjeta de crédito.

De esa manera, asimilando todo lo que ellos hacían y creían, sin filtro ninguno por tu parte, te hacías querer. Así te sacaste el carnet de socio de tu casa.

Normas familiares y otras coñas que mamaste

Me da para otro libro escribir todo lo que podría dar de sí este capítulo. Estoy convencido de que no tienes claras muchas de las normas familiares que engulliste; es obvio que muchas fueron buenas, pero otras fueron y son más pesaditas.

En mi casa no estaba muy bien visto llorar o quejarse. Ni siquiera estar enfermo o necesitar algo. Si lloraba, podía pasar que me dijeran: «Si te doy una hostia, vas a llorar con razón». O si tosía porque estaba resfriado, mi madre me miraba con el ojo torcido y decía: «Bueno, ya está bien», y eso me llevaba a aguantarme la fiebre y la tos. Si me sentía mal, sabía que no tenía demasiado refugio, de modo que me quedaba solo y soportaba el malestar. ¿Puedes imaginar cómo me ha marcado eso? No es porque sea autónomo, pero llevo muy mal estar enfermo, y me dejo cuidar poco por los que me quieren. ¿Eso es tener baja autoestima? El hecho de pensar que nadie puede ayudarme, salvo yo mismo, también podría significar tenerla demasiado alta.

Una chica frágil

Luisa vino a mi consulta porque se sentía muy poca cosa. Era la pequeña de seis hermanos, cuatro chicos y dos chicas. Relató que, durante su infancia, había tenido una salud frágil y que siempre había sido muy chiquita. Su estatura debía de rondar el metro cincuenta y era muy delgada, de unos cuarenta y cinco kilos. Me comentó que sufría porque en el trabajo tenía la sensación de que no se la tomaban demasiado en serio. En su oficina, trabajaban dos mujeres de mediana edad que se entendían muy bien entre ellas y con las que nunca había podido conectar. Sobre sus compañeros, opinaba que estaban más preparados que ella y, en consecuencia, no la consideraban un miembro valioso del equipo. Había hecho tres años de psicoterapia Gestalt, y me describió gran parte de las cosas que había realizado en su tratamiento. Nada de lo que había hecho me sorprendió demasiado puesto que yo había estudiado ese tipo de terapia. Su rostro, menudo y triste, escondía a una chica con mucha rabia oculta. Hablaba entre dientes, y sus labios eran muy finos, como cortados con una navaja de barbero bien afilada. A lo largo de las sesiones que hicimos, me contó cosas de su infancia, de cómo su padre mandaba callar a las chicas y de cómo los hombres mostraban su poder en la familia. Su madre y su hermana formaban un equipo, y se sostenían entre ellas. Clara, la hermana, tenía una relación intensa y compartía sus intimidades con la madre. Luisa, en cambio, siempre se sintió «el Patito Feo». Hablamos de las normas familiares que ella había vivido y de cuánto se parecían a lo que le ocurría en el trabajo. «Aprendiste a estar calladita, a ir por tu cuenta, a que los hombres mandan y son más valiosos que las chicas, a que es fácil que algunas mujeres hagan equipo y te dejen fuera. Cargas con un montón de normas no escritas que te están haciendo daño». Ella asintió.

Darte cuenta de las leyes adquiridas en la infancia puede ser doloroso, por eso es importante saber cuidarlo y no hacerlo de cualquier manera. Luisa no tenía ninguna culpa por haber adquirido esa visión del mundo. Pero todo ello la estaba ahogando.*

Era necesario ayudarla.

* Recuerda que, en el Apéndice del final, te cuento cómo se desarrolló el caso de Luisa.

No hay nadie perfecto

¿Qué normas y leyes te oprimen a ti? ¿Has hecho esa revisión alguna vez?

No conozco a nadie que esté estupendo de la muerte. Es más, si alguien me dice que tuvo una infancia perfecta, que su familia era la hostia y cosas por el estilo, me imagino que esa persona vive en el Bates Motel. Sí, lo has adivinado, el motel de *Psicosis*, en el que un tipo psicópata vivía con su madre disecada. Otra versión de chalado es el que dice haber resuelto esas limitaciones y te propone sanarlas para siempre. Alguien que cree que se ha liberado de la totalidad de las cadenas emocionales es como un camión cargado bajando un puerto de montaña sin frenos en el invierno canadiense.

No debes olvidar que lo que queremos lograr al autoestimarnos no es eliminar esas normas... Por cierto, ahora caigo, el tipo de *Psicosis* se llamaba «Norman». Mi objetivo es que las descubras para usarlas mejor.

Ya no eres un bebé. Ya no despiertas sonrisas cuando las parejas se cruzan contigo. Te has convertido en un fulano que intenta salir adelante con dignidad. En lo que llevas vivido, has intuido algunas de esas normas. Incluso las has llegado a modificar o transgredir. Haber logrado superarlas no suele ser fácil y supone seguir un sendero espinoso de la mano de la culpa.* Uno se siente un poco hijoputa cuando deja de hacer cosas que lleva grabadas a sangre y fuego en el alma.

Lo que pasa es que muchas de ellas son tan insidiosas y están tan arraigadas que no tienes ni puta idea de cómo te están jorobando la vida.

* De la culpa me encargaré unos capítulos más adelante, te lo aseguro.

8

EL ANDAMIO EMOCIONAL

Solo pido no tener mala suerte. La buena me la busco cada día.

MIGUEL VILANOVA

Vas a tener que arremangarte porque este capítulo es clave para que entiendas de dónde sale tu autoestima. La percepción que puedas tener de ti mismo es resultado de tu historia personal, así que debemos empezar por el principio.

Los expertos en psicología están de acuerdo en que la tarea más importante de las personas que te cuidan en la infancia es ayudarte en la construcción de una estructura psicológica. Y lo que suele ocurrir es que no tengan ni puta idea de cómo se hace. La naturaleza lo deja todo al azar y, en realidad, la vida emocional de un bebé depende del sorteo de familias que le toque antes de nacer.*

Una criatura es tan inocente y frágil que necesita recibir, más allá de los cuidados básicos, mensajes que le permitan edificar su identidad emocional. Su autoconfianza para afrontar la vida depende de ellos.

En un mundo ideal harían falta siete mensajes para ensamblar un buen andamio emocional. A pesar de que no parecen demasiados, no conozco a nadie que los haya recibido todos. Por eso no hay personas perfectas. Si tienes cinco, aunque podría hacerte el chiste fácil, puedes estar satisfecho con tu estabilidad emocional.

Los siete mandamientos para un bebé son:

* Sí, ya sé que no es verdad lo del sorteo de padres antes de nacer, pero es un recurso literario para captar tu atención.

1. Te veo
2. Existes
3. Eres único
4. Eres valioso
5. Eres bienvenido
6. Perteneces a mi club (familia, tribu, etc.)
7. Te doy alas

Una de traumas

Ser madre (o padre) es muy desagradecido. La función de los padres es la de amar, proteger, cuidar y educar.

Es una tarea sin fin.

Somos seres sociales, y nuestros viejos están ahí para fastidiar y para darnos la forma que creen adecuada. Su éxito como padres está relacionado con castrarte bien, en la medida justa, para que tengas éxito social. Lo que busca un progenitor es que seas una persona que encaje bien en la sociedad, trabajes como Dios manda, seas feliz de una manera razonable y configures una familia para perpetuar la especie.

Para lograr eso pueden hacer daño.

Soy padre, y aun siendo psicólogo, no me licencié en paternidad. Imagino que en tu casa tampoco había catedráticos en la especialidad. No hace mucho, observé una escena en la que una niña de unos dos años estaba sentada en la arena. Se tocaba la vulva y parecía entretenida con ella. La madre, al verla, le dio un palmetazo en la manita y le dijo: «¡No seas guarra!».

Es para cagarse, lo sé.

Mi viejo, por ejemplo, me gritaba para que yo no gritara. Me volvía loco esa incongruencia. Quería que me calmara de una forma muy rara.

Se supone que el objetivo de tus padres no era traumatizarte. Lo que buscaban era asegurarse que no te tocaras el coño en público a los treinta años en una notaría. Lo que pretendo decir es que el mandato de unos padres es el de «educar», aunque no tengan mucha idea de hacerlo. Por eso, en aras de ese encargo vital llamado «educación», se han cometido, y se siguen haciendo verdaderas atrocidades.

No olvides que la compasión educa, de modo que los siete mensajes que voy a describir son la base del buen armazón anímico de un niño.

Mensaje 1: Te veo

En muchas tribus africanas, en lugar de saludarse con un ¡hola!, se dicen: «Te veo». Al nacer, todo bebé necesita que le presten atención. Eso supone que has recibido, y no solo de manera metafórica, la mirada de tus padres. En una familia más o menos sana, lo normal es que te sientas visto, aunque no siempre es así.

No hace falta que vivas en una familia muy disfuncional para que no te hayas sentido visto, basta que seas el tercer hermano de una familia donde haya cinco hijos. Ni solo eso, porque ser el de en medio de tres ya te invisibiliza. Si tienes un hermano muy especial, aún podría ser peor... ¿Quién ha visto al hermano de Messi?

Estarás de acuerdo conmigo en que, si has nacido entre un montón de hermanos, probablemente tus padres no hayan podido dedicarte esa mirada especial que todos necesitamos. Una paciente mía, Yolanda, era la tercera de siete hermanos. Me contaba que había tenido una infancia feliz. Pero, sentía que sus padres apenas la habían mirado, aunque no podía decir que no la querían. «A todos nos dieron lo mismo, mis padres son buena gente, pero mi padre siempre trabajaba y nunca pude pasar ratos con él. Para que mi madre estuviera pendiente de mí, tuve que pelear como una loca con mis hermanos, y, aun así, casi nunca me miraba como yo deseaba».

¿Has escuchado la frase «Lo hace para llamar la atención»?

Si no te sentiste demasiado visto, es probable

que hagas cosas para que te vean. Llevar el pelo rosa, vestir de manera extravagante, montar pollos en las salas de espera y números por el estilo. También puede ocurrir lo contrario: que trates de pasar siempre desapercibido para ratificar que no interesas a nadie. La falta de atención, en ese sentido, es una carencia *heavy*. Por eso la buscas.

Mensaje 2: Existes

> Lo primero que me motivó no fue nada de lo que leí; simplemente me enfadé al ver las máquinas destrozando el bosque.
>
> THEODORE KACZYNSKI,
> *Unabomber*

Este mensaje está relacionado con el anterior. Saber que te han visto te ayuda a sentir que existes.

Si cuando eras pequeño en tu casa todos callaban para escucharte cuando querías hablar, o te prestaban verdadera atención cuando mostrabas un dibujo, o cualquier cosa, sáltate este punto. Si, por el contrario, eso no es así y no tienes demasiados recuerdos de este tipo, permanecer frente a estas páginas y seguir leyendo te puede ayudar.

En mi carrera como profesional de la salud mental, no recuerdo a muchas personas que me contaran algo así. Más bien al contrario. Sin ir más lejos, cuando yo era niño, mientras mis padres hablaban de lo que fuera, si expresaba algo, mi padre solía decirme: «Calla. Cuando seas padre comerás huevos». Y me quedaba en silencio. Tardé unos cuantos años en, primero, poder hablar y, segundo, comer huevos. Este tipo de trato como el que recibí puede llevar a que el crío en cuestión piense que sus opiniones o deseos no valen. En un perfil extremo, podríamos encontrar unos padres negligentes, que abandonan al niño como si no existiera. Esto me recuerda el caso de Miguel, un chico del que supe a través de un equipo de servicios sociales. Tenía grandes dificultades para hablar y, sobre todo, confiar. Sus padres lo habían abandonado cuando era muy pequeño, dejándolo al cuidado de una abuela que se había hecho cargo de él sin mostrar demasiada alegría. La abuela tenía que trabajar y, aunque le dio los cuidados básicos, apenas le dio cariño. Miguel pasó solo gran parte de su infancia. Tuvo que ocuparse de cosas que eran demasiada responsabilidad para un niño de su edad. Se hacía la comida y la colada, y a veces tenía que robar en el súper a petición de su propia cuidadora. Cuando tratamos su caso, tenía deseos de desaparecer de la faz de la tierra, puesto que sentía que no era importante para nadie. Su silencio, cuando tratamos de hablar con él, era ensordecedor. ¿Qué puede llegar a hacer una persona que haya experimentado una cosa así?

Uno podría tirarse por el balcón o bien convertirse en el Unabomber* para demostrarle al mundo que existe.

Mensaje 3: Eres único

> Recuerda que eres único. Absolutamente igual que los demás.
>
> MARGARET MEAD

¿Sabes cuál es la historia que hay detrás de tu nombre?

Me pusieron Victor Manuel tras una pequeña disputa familiar. Cuando estaba a punto de nacer, mi padre quería que llevara el nombre de los hombres de su familia, Salvador. Como él. Como mi abuelo. Por otro lado, se barajaba el nombre

* Theodore Kaczynski fue un terrorista, matemático y filósofo, conocido como el Unabomber.

de mi tío, Ricardo. Nadie estaba convencido del todo. Pero Ricardo, mi padrino, cortó el nudo de Gordias diciendo que podía llamarme como el penúltimo rey de Italia, emperador de Etiopía y rey de Albania, Vittorio Emanuele III (ahora ya sabes que mi tío era un poco facha y por qué tengo ese aire tan regio y distinguido).

Conocí hace más de veinte años al campeón de pesos pesados George Foreman y me habló de sus hijos, doce en total, seis de los cuales se llaman George. Hay un George III, George IV, George V, ¡hasta una Georgetta! Cuando le pones tu nombre a seis de tus hijos, parece que te la suda hacerlos únicos. Poner a un hijo el nombre de alguien le dota de una cierta carga. Lo llamo llevar un nombre de estirpe. Es una cosa así como algo a lo que debes ser muy leal. Es ser un Lannister, de los que siempre pagan sus deudas.

Creo que la elección del nombre es un acto importante en la voluntad de los padres de dotar al bebé de una identidad propia, exclusiva. Mi abuela solía decirme: «Hijo mío, no eres ni más ni menos que nadie, pero no hay otro como tú». Es una frase inspiradora para mí. Me da mucha energía saber que no hay nadie más como yo. No pretendo ser más que nadie, pero me reconozco único.

¿Y tú?

¿Llevas el nombre de una abuela? ¿El de un antiguo novio de tu madre? La historia que hay detrás de ese nombre forma parte de ti, y es importante para que puedas reconocerte. Voy a contarte la historia de uno de los más grandes entrenadores de fútbol de todos los tiempos: José Mourinho. Cuando trabajaba en el Reino Unido, la prensa británica lo llamaba The Special One. Realmente es un hombre con un carácter ganador y no ha ocultado nunca su deseo de ser alguien especial. Me pregunto a menudo si ese deseo de destacar tiene que ver con el hecho de que su padre, entrenador profesional de un equipo portugués, nunca confiara en él como jugador. Desde muy joven, Mourinho ayudó, y de manera brillante, a su padre como técnico. Llegó a ser el mejor entrenador, y se ocupó, a veces de forma presuntuosa, de que todos nos diéramos cuenta de que es especial.

Cuando te han ninguneado en la infancia, puedes reaccionar de maneras diversas. Por ejemplo, podrías no darte importancia, como si tuvieras una especie de síndrome del impostor a lo bestia. O quizá compitas con todo el mundo para sentir que eres único, como Copito de Nieve, aquel famoso gorila blanco que durante años fue la estrella del Zoo de Barcelona y al que ningún otro gorila ha podido sustituir.

Mensaje 4: Eres valioso

Quiero que recuerdes el momento en que entregabas las notas en casa. Llegabas con tus calificaciones y tus padres las revisaban. Podías tener todo notables, pero si sacabas un suficiente en Religión, te preguntaban: «¿Qué ha pasado en reli?».

Si te sucedió algo así, te quedabas con cara de póquer, pensando algo parecido a: «¿Solo valgo si saco notazas en todo?».

Tu percepción de valía está relacionada con lo que te dijeron las personas cercanas. Tus padres, por supuesto, pero también familiares de segundo orden, profesores, etc.

Si recibiste comentarios comparativos acerca de tu cuerpo, ser delgado o gordo, guapa o fea, es probable que todo ello afectara a tu visión de ti mismo.

Un día, me encontré con una antigua compañera de instituto. Hacía mil años que no nos veíamos y nos hizo ilusión esa casualidad. Iba acompañada por sus dos hijas. De modo muy natural, me las presentó. Lo hizo así: «Esta es Julia, es muy guapa, y ella es Claudia, la lista de la casa». Me quedé a cuadros. Por omisión, Julia era la tonta y Claudia la fea.

Menudo jaleo, ¿eh?

Nuestro cerebro siempre está abierto a interpretar la realidad para mal. No sería nada raro que cuando Claudia tenga treinta años me diga que, para su madre, su hermana siempre fue «la guapa». No estoy diciendo que esto sea malo, lo que quiero destacar es cómo vamos recibiendo inputs que configuran lo que creemos sobre nosotros mismos el resto de nuestra vida.

Mensaje 5: Eres bienvenido

Presta atención a las siguientes frases.

«Cuando naciste, cariño, ¡nos hizo tanta ilusión!», «A tu padre/madre le caía la baba esperando ver asomar tu carita», «Fuiste muy deseada» o «Queríamos ser tus padres». ¿Te suenan?

Si sentiste que tu llegada a este mundo fue una bendición para la familia, enhorabuena. Te ha tocado un décimo del Gordo de Navidad.

Yo no lo sentí, al menos nunca me dijeron

nada de este tipo. Como mucha gente a la que conozco. Es posible que, siendo psicólogo, trate con personas a las que les han dicho otras cosas, como a Bruno, al que le decían alguna vez que esperaban una niña y llegó él. O a Marga, a la que le habían contado que ya se habían plantado al tener a sus hermanos mayores. Tenían catorce y doce años cuando ella nació. Su madre le soltó que ella llegó inesperadamente. A la buena de Marga siempre le quedó la idea de que, en realidad, no la deseaban y de que más bien resultó una molestia. Eso le causó mucho dolor emocional. Podría contarte decenas de casos así, en los que la persona en cuestión interpretó esos mensajes como desamor familiar.

Mensaje 6: Perteneces a mi club

Mi madre solía hacerme una broma cuando era niño. Para hacer una gracia, me contaba que yo era hijo del «hombre de la cabra», un titiritero que venía de vez en cuando por el barrio tocando la trompeta mientras su cabra se subía a una especie de taburete. Era un espectáculo callejero bastante bochornoso. Yo sabía que era una chanza, pero me daba mucho por saco. Me hacía sufrir.

¿El hombre de la cabra? ¿Se podía tener más mala hostia?

Miguel fue paciente mío hace unos años, su padre se había ido de casa cuando él era pequeño. Su madre y abuela lo criaron y, con muchas dificultades, salieron adelante. Cuando Miguel creció, su abuela le decía cuánto le recordaba a su padre. Lo curioso es que siempre se lo mencionaba cuando él hacía algo indebido. Si mentía, o si se comía un trozo de salchichón sin permiso, ahí estaba su abuela para recordarle el parecido con su viejo. Para él, eso significaba que era mala persona, puesto que sabía cuánto las había hecho sufrir la deserción de su papá. Cuando hablamos de ello, en nuestras sesiones, Miguel sentía que todo aquello que lo acercaba a su padre era mal visto por su madre y por su abuela, a las que él debía tanto. «Es como si las traicionara si me parezco a él, aunque ni siquiera lo conocí».

¿Te ha dicho tu madre alguna vez que eres igual de guapa que ella o listo como tu papi? Lo común, según mi experiencia, suele ser lo contrario. Como verás más adelante, vas a tener que trabajar la pertenencia para tener una buena autoestima Punk.

Mensaje 7: Te doy alas

Te propongo un experimento. Imagina que eres pequeño y supón que estás en una excursión en el campo con tus padres o cuidadores. Miras un árbol y piensas que subirte en él sería una buena idea. Poder alcanzar la rama más alta y mirar el mundo desde ahí arriba. Te diriges a tus padres y les dices que vas a subir. ¿Cómo reaccionan? Hay diferentes posibilidades, veamos:

1. OK. Sube bajo tu responsabilidad. Si te la pegas, ya sabes.
2. Si subes y te caes, no llores.
3. No subas porque te matas.
4. ¡Ni se te ocurra subirte! ¿Estás loco?
5. Vale, vamos. Intenta subir y trato de darte apoyo.

He puesto cinco, podría haber más. Mi pregunta es: ¿cuál de las cinco es la que te hubieran dicho en casa? Date unos segundos para pensarlo.

Ahora eres adulto. Cuando te encuentras delante de un reto grande, como divorciarte o como cambiar tu trabajo, ¿qué pensamientos acuden a tu mente?

Te dije en el primer capítulo que la autoestima está relacionada con la percepción de éxito que tengas. Este andamio que precisas para salir airoso de las cosas que te suceden tiene que ver con los mensajes recibidos. Haber caído en una familia nutritiva en ese sentido es una suerte del carajo. La suerte del día a día te la vas a tener que currar tú. La buena noticia es que nadie ha conseguido todos estos mensajes de forma perfecta. Y si los hubiera obtenido así, no estoy convencido de que eso lo convierta en mejor persona. Alguien sin sombras, con todo luces, nos acabaría cayendo mal porque sería bastante gilipollas y aburrido.

Recuerda que los andamios no son el edificio. Se retiran cuando la obra se acaba, y si hay necesidad, se pueden volver a poner de manera temporal. La vida te va a dar la oportunidad de apuntalar tu casa. Seguro.

9

QUITAR EL ÓXIDO

No sabes nada, Jon Snow.

YGRITTE
(la pelirroja salvaje)

Soy un chorizo

En un inmenso piso del Ensanche, en una habitación llena de polvo, encontré una catana* que tenía más de cien años de antigüedad. Pensé que si la robaba, nadie en aquella empresa danesa en la

* Una catana es un tipo de espada tradicional, parecida a un alfanje, arma habitual de los guerreros samuráis desde los tiempos del Japón feudal hasta la Segunda Guerra Mundial.

que trabajaba una antigua novia mía la iba a echar de menos. Ella era la única empleada de ese consignatario en Barcelona de una naviera nórdica y todos los asuntos se resolvían por teléfono. Esa espada actuaba como un imán irresistible sobre mí y, cuando la extraje de su funda, me topé con una hoja oxidada de color marrón. Era vieja, pero estaba entera. La blandí e hice movimientos de samurái con ella. ¡Vaya pasada! Me sentí como un personaje de Jumanji.

Y me la llevé.

Justo en ese momento, estaba leyendo *Shogun*,* la novela de James Clavell, y pensé que se trataba de algún mensaje del universo. Persuadí a mi chica de que nada ocurriría y de que si nos pillaban, la devolvería.

No te hagas demasiada mala idea de mí. Te confieso que estas cosas, en mi barrio, eran de lo

* *Shogun* es una novela de samuráis que transcurre en la última época del Japón feudal, cuando el país se abrió al comercio con otras potencias extranjeras.

más normales. Pero no te preocupes: con el tiempo, he llegado a ser honesto.

¡Sácale brillo, cabrón!

Era julio, eso lo sé. Recuerdo que, mientras la limpiaba, tenía puesta la televisión. Estábamos en pleno Mundial de fútbol. Era la España de 1982... ¿Recuerdas al Naranjito?

Pasé muchas noches de aquel asfixiante verano puliendo la hoja de la catana. Fue un trabajo colosal. Con el paso de los días, debajo del óxido, y gracias a mi empeño, apareció un filo fulgurante. Mientras frotaba la hoja, me repetía a mí mismo una especie de mantra: ¡Sácale brillo, cabronazo!

¿Por qué te cuento esto, pequeño saltamontes? Tu vida tiene mucho de espada roñosa y oxidada. Seguro que te descubres, día tras día, haciendo cosas que piensas que no deberías hacer.

Estoy convencido de que pones tu autoestima en juego pidiéndote cambiar hábitos, comportamientos y hasta pensamientos. Quieres sacarte brillo, ser más organizada, dejar de morderte las uñas o cambiar esa manía de gritar a los que quieres como un chimpancé rabioso. Son cosas que deberías poder controlar. Pero no las cambias. Siguen ahí, como el dinosaurio de Monterroso.*

No eres gilipollas, solo tienes carencias

En el capítulo anterior, te he contado que los mensajes que recibiste de tu familia y cuidadores te estructuran emocionalmente. Vas dándote cuenta de que no cambias, de que cargas con el peso de muchos fracasos. Esa herrumbre va depositándose en el filo de tu hoja, creando una

* Augusto Monterroso escribió uno de los más célebres microrrelatos que existen. Dice así: «Cuando despertó, el dinosaurio todavía estaba allí».

capa que se adhiere a ella, haciéndola menos eficaz y vistosa.

¿Sabes qué significa ser humano? Que tienes una herida infinita.

Una herida que puedes limpiar, pero no curar. Léelo de nuevo porque te estoy dando una clave que, por sí misma, vale los veinte pavos que has pagado por el libro. Puedes limpiar eso que duele, hacerlo brillar, pero no vas a acabar con esa desolladura.

Siempre hay alguna carencia que te dispara a hacer las cosas, tanto si piensas que son buenas como si no. Voy a explicarte el secreto de cómo funciona eso. Quiero que llegues a mirarte con ojitos tiernos y pongas fin a la exigencia que está acabando contigo.

Es una carencia, no una pérdida.

La pérdida presupone que dejas de tener algo que poseías, que conoces y que te hace sufrir porque tienes añoranza y duelo. Con la edad, por ejemplo, pierdes tersura en la piel. Esa piel nuevecita de melocotón estaba ahí, ahora ya no. Darte cuenta de eso te conduce a la tristeza.

La carencia, en cambio, es algo que te causa dolor porque nunca lo has tenido. No tienes ni idea de lo que está pasando porque eras tan pequeño que no sabes reconocer lo que te pasa. Lo notas porque es un vacío que convive contigo y que no sabes cómo llenar. Sientes una necesidad que desconoces de dónde viene. Durante años haces cosas raras sin saber lo que te ocurre: abusar de sustancias, comida, juego, relaciones tóxicas, agresividad, etc. Sin embargo, a medida que maduras te das cuenta de que algo te faltó en el pasado. Y eso causa mucho dolor.

Puedo parecer un cansino por recordarte esto, pero ignorar qué provoca que te sientas mal es como pelear contra el hombre invisible.

Como en las películas, vamos a echarle pintura para encontrarlo y poder enfrentarlo.

El camello de Alí Babá

> Para vivir feliz, debes autoengañarte y olvidar que lo has hecho.
>
> Delroy L. Paulhus

Si esperas verdades inmutables, de esas en las que creen los extremistas, no estás en el libro adecuado. Casi todo lo que cuento aquí es mentira. Pero hay mentiras útiles, y ya sabes que yo soy un tipo pragmático.

¿Te suena la historia de Alí Babá y los treinta y nueve camellos?

En el viejo Bagdad del siglo XVI, Alí Babá estaba ingresado en un centro sociosanitario, a punto de morir. Tras una vida de aventuras, acumulaba una fortuna: treinta y nueve camellos. Esos animales eran una propiedad muy valiosa porque permitían transportar cosas de un lugar a otro. Es como si hoy en día, una amiga tuya tuviera treinta y nueve camiones. Esa mujer tendría una empresa de transporte que valdría un pastizal, vamos. Lo que mi viejo llamaría: «Ser un buen partido».

Pero volvamos a Alí Babá.

El hombre estaba muy chungo. Observaba a la muerte esperándolo con su guadaña en un rincón de la habitación. Hizo acopio de la poca energía que le quedaba y pilló su iPhone. Mandó un wasap al grupo que tenía con sus cuatro hijos. Estos, deseosos de que el viejo muriera para pillar su parte de la herencia, acudieron sin dilación. Cuando estuvieron frente a él, lo escucharon muy atentos.

—Voy a morir —les dijo—. Quiero repartir mis camellos entre vosotros y quiero ser justo. La cuestión es que se han de repartir como digo. Si no lo hacéis así, he convenido con el notario que donaré los animales al Partido Popular Republicano de Bagdad. —Cabe destacar que era un partido marginal en aquellos tiempos. El hombre siguió hablando—: El reparto que deseo es el siguiente: la mitad de los treinta y nueve animales será para el mayor; una cuarta parte para el segundo; el tercero recibirá una octava parte, y al pequeño le dejo la décima parte de los camellos.

Una vez hubo dicho esto, expiró. Finito. *Palmolive*.

—*What the fuck!?* —exclamaron los hijos—. ¿¡Qué clase de reparto es este!? Si hacemos eso, tendremos que cortar los camellos en trozos, y así no tendrán valor. Su carne y su piel no valen nada, ¡el camello solo sirve si está entero! ¡Maldito bastardo!

Y, como sucede en todas las herencias, empezaron a pelear entre ellos. Se alteraron tanto que llegó la doctora acompañada de un segurata.

—¡Silencio! ¡Esto es un centro sanitario! ¿Estáis chalados o qué? —exclamó.

Los hijos del ya difunto le contaron su preocupación y el motivo de sus disputas. El empleado de seguridad, que seguía mi canal de YouTube, dijo:

—Esto sale en un vídeo de Victor Amat, me sé la solución. Dejad de lloriquear, os doy mi camello. Así tenéis cuarenta. Hagamos las cuentas: la mitad de cuarenta son veinte. Esos son para el mayor. Un cuarto son diez, un octavo son cinco y un décimo son cuatro. Ya está hecho el reparto. Veinte más diez son treinta, más cinco, treinta y cinco, más cuatro, ¡treinta y nueve! Sobra el mío, de modo que lo recupero y sigo con mi trabajo.

El hombre podría haber dicho: «Hagamos *como si* tuviéramos cuarenta camellos y solucionaremos la herencia». Parece de locos que un camello que ni siquiera hace falta nos permita arreglar el conflicto. Lo que te hace daño está oculto en el desván de tu mente y, como en tantas cosas de la vida, la solución no se ve a simple vista. Estás jodido. Eres como Jon Snow, de *Juego de Tronos*. No sabes nada.

Estarás pensando: «Bueno, tío, te estás enjabonando, pero ¿qué tiene que ver esto con punkear mi autoestima?».

Vas a tener que seguir leyendo el siguiente capítulo porque esto se está poniendo interesante.

10

RISKETOS Y FUNCIÓN VALIOSA

> No has perdido el placer, lo que no sabes es dónde lo tienes.
>
> Donatien Alphonse François de Sade

Mi abuela decía que no había que tirar nada. Fue hija de una época muy dura, con mucha pobreza. Según ella, todo tenía una función, y podías necesitar las cosas cuando menos lo esperases. Lo mismo pasa con tu mente. Todo aquello que existe, tiene un sentido, en algún momento y en algún lugar.

Ponte el cinturón de seguridad porque voy a decirte algo gordo.

Todo comportamiento, o pensamiento, tiene una función valiosa.

Me explico. ¿Por qué, si sabes que no te conviene comerte una bolsa entera de Risketos, te la acabas comiendo? Debes de sentirte inútil cuando quieres comer sano y acabas con los dedos de color naranja y oliendo a queso.

La pregunta que debes hacerte es: «¿Para qué me como los condenados Risketos?». Y no respondas rápido, que te conozco. No vale que digas: «Porque tengo hambre», «porque soy idiota» o «porque me gusta». Eso está demasiado visto.

Ahí va mi hipótesis.

Puedes creer que soy conspiranoico, pero los tecnólogos de los alimentos son unos malvados. La gente que trabaja en eso es como Walter White, el personaje de *Breaking Bad*, que aun siendo buen tipo, cocina metanfetamina para hacerse rico y acaba siendo un forajido. Así son esos condenados tecnólogos: crean y utilizan sabores que estimulan zonas recónditas de tu cerebro. Si te pones una porquería de esas en la boca, un risketo, un dorito o un frito barbacoa, ¿qué respuesta suscita en ti?

Exacto. Se te hace la boca agua.

Te pone a salivar como un bulldog en verano. Cuando eso sucede, tus papilas gustativas mandan un mensaje a tu cerebro y este registra el asunto. Se abre una especie de carpeta en tu cabeza. Es un cajón en el que están guardadas todas las veces que has salivado antes. Eso se llama «búsqueda transderivacional». No puedes evitarlo, vas hasta la primera vez que experimentaste eso. Freud se pondría cachondo.

Si vas a la primera vez que hiciste eso, ¿dónde vas a ir a parar? (No seas guarro, ¿eh?).

A la teta de tu madre. Del tirón.

El cerebro de un bebé es una máquina de asociar estímulos y respuestas. Cuando eras pequeño y llorabas por alguna incomodidad, tu madre te ofrecía el pecho o un biberón. No hace falta que seas ingeniero aeroespacial para deducir que la neurología del bebé va a asociar el malestar con la comida.

No hay otra manera. Por eso te digo que tenemos fallos infinitos. Por mucho que sepas la teoría de que comer un risketo no es saludable, tu coco aprendió que, si estás medio jodido, tienes que enchufarte un biberón. Y eso antes de que pudieras pensar siquiera.

Fast and furious

> Nunca se le da la espalda a la familia, aun cuando ellos te la hayan dado a ti.
>
> VIN DIESEL en *Fast & Furious 8*

Recuerdo preguntarle a mi madre, mientras ella cocinaba, si el fuego quemaba. Me dijo que sí. Estaba absorto mirando la cocina y pensaba para mis adentros: «Lo naranja del fuego seguro que quema, pero ¿y lo azul?». Cuando mi vieja se despistó, metí el índice en lo azul. Sí, soy corto, lo sé. Un dolor lacerante me mordió en el dedo y aprendí en una centésima de segundo y para siempre que el fuego puede calcinarte en un plis. Ese es el tipo de aprendizaje al que me refiero. Rápido y furioso.

He dicho que si te sentías mal, te daban comida. ¿Qué piensas que harás ahora cuando no te encuentres bien? Tu cabeza se dispara como un cañón sin que puedas ni pararte a pensarlo y mucho menos evitarlo. Eso sucede porque es un aprendizaje automatizado, y no lo vas a poder razonar en ese momento porque aún no sabías cómo pensar con palabras. Es más parecido a moverte instintivamente que por decisión voluntaria.

Lo que te digo es que, por ejemplo, en la mayoría de ocasiones la comida es una respuesta a una situación de malestar, un automatismo sobre el que no puedes hacer casi nada. Por eso este caso me sirve para explicarte el concepto. Detrás de que te metas en el buche alguna cosa que no debes, hay un condicionamiento que tira de eso. Es la forma en la que tratas de lidiar con una sensación desagradable. La voluntad no sirve para nada, que no te vendan la moto.

Si has relacionado ambas cosas, el malestar y la comida, vas a flipar. Si tu plan para ser más guay es adelgazar y la comida está ahí para socorrer tu angustia, tarde o temprano comerás. Pero la angustia de no poder comer te hará engullir, porque no conoces otra manera de aliviarte. Sin embargo, si acabas comiendo te sentirás mal. ¿Y qué sabes hacer cuando estás mal? Te lo digo: zampar más.

Los cuatro fantásticos

¡Es la hora de las tortas!

La Cosa

Tal vez pienses que me estoy volviendo un *happy flower*. Estoy hablando del apadrinamiento, de la infancia, de las heridas infinitas y de que tus mierdas tienen una función. No, no me he vuelto loco, sigo siendo punk, pero trato de mostrarte lo que tu mente no quiere que veas.

Recuerda la paradoja de la autoestima: debes haber recibido mensajes de otros para autoquererte, y eso nos lleva a cuatro ámbitos que vas a buscar como a un trébol de cuatro hojas. Las cuatro necesidades fantásticas son:

1. Te quieren.
2. Te aceptan.

3. Te reconocen.
4. Te dan apoyo.

Estos cuatro ejes nos van a dar mucho juego para entender por qué sigues haciendo memeces en lugar de convertirte en alguien tan perfecto como Alexia Putellas.

Te quieren

Vamos al grano.

Si te pregunto cómo supiste que te querían, la respuesta que me des puede ser del todo extraña. Lo más importante que debías saber es que necesitabas alimento, caricias y protección. Me gusta llamarlo «teta». Imagina que tienes a tu bebé agitado en tus brazos, los brazos de la madre o el padre; estos deberían ser un lugar seguro. Si le ofrecemos sustento y brazos, calor emocional y alimento, ese bebé está en la gloria. ¿Y sabes qué eres tú? Un bebé grandote. Estar de puta madre, tu estado ideal, sería volver a sentir aquello. Cualquier comportamiento orientado a proporcionarte mimos formaría parte de la categoría «me quieren». Comer, beber, refugiarte en casa, apalancarse en el sofá, que te abracen.

Si necesitas mimos y no los tienes, vas a querer llenar ese vacío con algo. ¿Has pasado un día de mierda en el trabajo? Pues te dirás: «¡A la mierda la dieta, me merezco un regalo!» y te comerás un donut. ¿Estás triste porque no te llaman para ir al teatro? Te tomas un vinazo y que les den, ellas se lo pierden. Como cantaba La Cabra Mecánica: «Es la falta de amor la que llena los bares, son tus labios para mí un plato de calamares».

Me peleo con mi mujer de vez en cuando. Si ella no opina como yo, me hierve la sangre y levanto la voz. Si hago eso, ella toma distancia. Si toma distancia, creo que no volverá nunca y me pongo aún más gilipollas. ¿Cómo se arregla eso?

Fácil, si ella me da un abrazo. Pero ¿quién le da un abrazo a un tipo que anda dando más voces que un pescador en la lonja?

Así se crean los problemas diabólicos que tanto me gustan. Discuto y grito, pero en realidad quiero un abrazo; el otro no me lo da y, por lo tanto, discuto y grito más. Nunca nunca lo arreglo.

Estás triste, te sientes mal y comes para compensar eso. Como resultado, te sientes peor por haber comido, y comes más para mimarte porque te sientes mal.

Somos la hostia de raritos, ¿eh?

Te aceptan

Gran parte de tener una autoestima *mierder* viene por percibir que no eres una persona aceptada en algunos entornos que son importantes para ti. Si notas rechazo en la familia, en el trabajo o en algunas relaciones, empiezas a echar humo. La explicación se esconde en la falta de aceptación. Si te han dicho frases del tipo: «Esta niña es rara», «eres un cabezota» o el universal «eres un desastre», pueden haberte hecho sentir que tenías que cambiar para que te aceptaran. O lo que es lo mismo: que pienses que si no haces lo que les gusta, ellos no te aceptarán.

A Mónica, una paciente mía, siempre le dijeron que era rara. Pertenecía a una familia de clase media, sus padres eran funcionarios. Lo normal en esa familia es que todo fuera muy previsible, y sus padres valoraban la estabilidad. Ella, desde pequeña, se refugiaba en su propio mundo, cantando canciones y practicando con una flauta de su hermano mayor. Sus padres no entendían por qué no tenía amiguitas y la forzaban a ir a un club de excursionistas. Eso resultaba una especie de castigo infernal para mi paciente, que no le gustaba para nada el campo, los mosquitos y los macarrones fríos con tomate de bote. Los demás chicos del club le hacían un poco el vacío porque

Mónica evitaba jugar a los juegos que todos elegían y se ponía a tocar la flauta.

Con el tiempo, se ha convertido en una mujer adulta que toca la flauta travesera en un grupo de rock. Estudió en el conservatorio y viste como un marine con hábitos de monja. Aunque ahora vive más tranquila con unas amigas, siempre ha sido «la rara» y se ha sentido fuera de lugar.

Te reconocen

> No vengo a trabajar por esta mierda de sueldo, me pone cuando mis pacientes agradecen mis cuidados.
>
> Mi doctora de cabecera

Voy a abrir un melón. El del reconocimiento.

La búsqueda de la apreciación de los demás ha conseguido que el ser humano oscile entre suicidarse por no serlo y ganar tres olimpiadas consecutivas echándole dos ovarios. Si de pequeño no te sentiste valorado, eso puede ser un disparador monumental de muchas emociones.

Obtener el reconocimiento de los demás es una de las grandes trampas de la autoestima. Los *happy flower* te dirán que es porque tienes poca autoestima. Conocí al campeón de boxeo Evander Holyfield. Pude hablar con él unos instantes y le pregunté qué le motivó a subir de peso para luchar en el peso pesado. Me respondió que los expertos de la prensa decían que era demasiado pequeño para ganar ese título tan especial. «¿Pequeño? ¡Voy a tapar la boca a esos payasos!», dijo. ¿Tenía una autoestima de mierda o una absoluta confianza en sus posibilidades?

Querer demostrar tu valía al mundo es un gran motivador para algunas personas y un lastre para otras. Igual tú lo que deseas es estar más en paz contigo mismo. El hecho de que el bueno de Holyfield luzca en las paredes del famoso *Hall of fame* de las diferentes asociaciones de boxeo tiene su valor, pero a lo mejor tú estás puteado esperando que tu madre te diga que está orgullosa de ti.

Dudo mucho sobre este tema, ya lo ves. Todo tiene una cara y una cruz, nunca te conformes con lo más sencillo. Un cerebro perezoso tiene peores consecuencias para ti que una plaga bíblica de langostas en un campo de frutales.

Te dan apoyo

En tu infancia deberían haberte dado las alas que ahora buscas en un Red Bull. Necesitas el aliento de los que quieres para tomar decisiones difíciles. Estoy convencido de que tu autoconfianza habría agradecido saber que los de casa te recogerían si te cayeses en el camino. La ausencia de ese apoyo te hace temeroso y cagón.

Es normal. Si temías que un error iba a traer consigo una reprimenda, o algo peor, lo normal era quedarte varado en el puerto. Conozco a personas que están ancladas a situaciones insostenibles porque piensan que por sí solas correrían un enorme peligro. Las dudas, el perfeccionismo y el miedo podrían ser el resultado de una confianza frágil y resquebrajada. Sin esta capacidad de echarte a volar estás jodido porque no vas a emprender proyectos que deseas por exceso de prudencia. Imagina qué puede pasarte si te exigen, o te exiges, volar sin alas. Vas a estrellarte y tu autoestima se va a desmoronar.

El camello de Schrodinger

Seguro que has oído hablar del gato de Schrodinger. Es un gato que está metido en una caja, con un rollo radiactivo que puede matarlo. Mientras estás mirando la caja, no sabes si está vivo o está muerto. Mientras no abras la caja, el gato está vivo y muerto, solo lo sabrás si la abres. Soy demasiado lerdo para entender la física cuántica y voy a esperar a que me lo cuenten en las reseñas de Amazon.

La función valiosa es como ese camello cuántico del anterior capítulo, al que ni siquiera le hace falta existir. Entender que detrás de los Risketos hay una búsqueda de sentirte cuidado y querido te va a enseñar otro juego. Uno muy diferente del que has jugado hasta ahora tratando de prohibírtelos. Vamos a cambiar el paradigma de la autoestima.

Haces, piensas y crees lo que sea para sentir el amor, la aceptación, el reconocimiento y el apoyo que necesitas. Pero recuerda que todo ello pasa a ciegas. Y, perdona que te lo diga, con los ojos vendados no vas a salir airoso del *scape room* de la autoestima.

11

SOY VIEJO Y GORDO: MORIR DE *BRANDING*

> Me gustaría ser un valiente, mi dentista asegura que no lo soy.
>
> Jorge Luis Borges

Tengo un vídeo que se titula así: «Soy viejo y gordo». Te voy a contar algo curioso: cuando la peña lo vio, hubo muchas personas que me dijeron que no era tan viejo, y, lo que es peor, que no estoy tan gordo. A pesar de que esas etiquetas no me gustaban, me sentí contrariado por las personas que me decían eso.

«¿Qué le pasa a la gente? ¡A ver si no voy a poder ser lo que me dé la gana a mi edad!», recuerdo que pensé.

Parece una contradicción, pero no lo es. Si te digo que soy viejo y gordo, esta es la conclusión a la que he llegado, cansado de pensar y de pasarlo mal. Detrás de esas afirmaciones, como en los Risketos, hay algo que es importante para mí. Por eso voy a explicarte qué pasa cuando dices: «Yo soy». Vas a saber de dónde viene y por qué te hace sufrir.

Ser humano supone que te identificas con lo que haces, con lo que piensas. Te conviertes en ese algo y te comprometes con ello hasta la última célula de esas uñas que te muerdes. Lo que vengo a decirte es que, si lo sabes usar a tu favor, le vas a dar un barniz de puta madre a tu autoestima.

¿Recuerdas a Leandro, mi paciente del capítulo tercero, que se definía como «un desastre»? Decir eso de sí mismo provocaba que se viera solo desde esa perspectiva.

Si le dices que no hay para tanto, ¿sabes qué dirá? Que no tienes ni idea de cómo es él en realidad. Ser un completo caos es resultado de haber abierto una carpeta mental en la que tienes guardados todos los momentos en los que te has sentido de esa manera. Tu cerebro archiva las cosas en grupos de experiencias parecidas, y tiene «carpetas» como las que tienes en tu ordenador. A ese mecanismo lo llamamos generalización.

Si piensas que eres tímido, tu cabeza abre los archivos que respaldan esa afirmación. Te muestra tan rápido todos los «documentos» que hay en esa «carpeta» que no puedes prestar atención a nada más.

Cuando confirmas que has vivido muchos momentos en los que te has mostrado tímido a lo largo de tu vida, concluyes que eres así y que no vas a poder cambiarlo.

Es vital que te quede claro que si piensas que eres tímido, no puedes no serlo. Lo has enlazado contigo, con tu identidad. No dices: «En las situaciones tipo X, me comporto de una forma que un experto podría clasificar como timidez».

No funciona así.

Visité a una mujer de unos setenta años, la llamaré Carmen. Sufría de un trastorno de ansiedad desde hacía un tiempo. Ella repetía a menudo que era «depresiva» y que por eso no podía disfrutar de las cosas. Poco a poco fue mejorando. Un día me comentó que se acercaba la boda de su hija. «La niña», como Carmen la llamaba, se casaba con su novio de toda la vida, y se había organizado un enlace digno de aparecer en el *¡Hola!* Mi paciente empezaba a angustiarse porque la fecha se aproximaba y tenía mucho miedo a tener algún episodio de ansiedad que aguara la fiesta de su hija. (Por cierto, la chica es psicóloga y asistía a mis clases de la universidad, ya verás por qué te lo cuento). Mi sugerencia fue que le dijera a su hija la siguiente frase el día antes de la gran cita:

«Querida Vanessa, mañana es el día más importante de tu vida y, aunque tengo mucho miedo de que me dé ansiedad, estaré a tu lado. Si veo que me da un parraque, se lo diré a tu padre y haremos mutis por el foro. Nos iremos sin molestar, pero al menos habré visto cómo te casas. Sé feliz y no te preocupes por mí».

Semanas más tarde, supe por Vanessa que la boda había ido bien. Carmen estuvo tranquila y hasta bailó. La vieron reír y llorar de emoción y, al parecer, se lo pasó en grande. Cuando la visité, le pregunté qué tal le había ido. «Fatal, estuve ansiosa todo el día, y como soy tan depresiva, apenas pude disfrutar de la fiesta». «¡Coño, Carmen! —dije con la finura que me caracteriza—. ¡Me dijo Vanessa que habías estado estupendamente y que bailaste y todo!».

Esto es lo que me respondió:

«No, Victor, no. Ya sabes que soy depresiva y la procesión va por dentro».

No se te ocurra ir en contra de lo que alguien piensa de sí mismo, esa no es la manera de ayudar. Ni a ti, ni a otro.

Desviado incurable

Si toda la vida has creído que eres un inútil, y has sufrido por ello, no va a venir alguien a hacerte quedar como un idiota diciendo que estás equivocado. No vas a cambiar en cinco minutos, porque mantener la dignidad que supone haber invertido tanta energía en salir adelante, de la manera que sea, tiene mucho mérito.

Somos desviados incurables.

La cuestión es que, sin saber cómo, te vas identificando, o te identifican, con algunas cosas de las que haces. En este asunto, gallina y huevo van de la mano, no importa qué fue primero, Conformar tu propia identidad es eso que los modernillos del marketing llaman *branding*, aunque mi abuela lo explicaba mejor: «Cría fama y échate a dormir». Para bien o para mal, tu imagen de marca te precede, y hacer *«rebranding»* es complicado de cojones.

Te pongo mi propio ejemplo: siempre me he

sentido un patito feo en un mundo de cisnes elegantes. Estudié Psicología en una universidad pija, privada, católica y apostólica. Mi presencia en aquel lugar chirriaba como un burka en Ibiza. Cuando contaba las cosas a mi manera, me miraban de forma muy rara. Creo que mis profesores pensaban que no debería ser psicólogo, que me faltaba *charme*.*

Aparecer en las redes sociales, en la radio y la televisión manteniendo mi estilo me convirtió en «el psicólogo punk». Pago un precio por eso, mi punkismo enseña muchas cosas de mí y oculta otras. Demasiadas. De hecho, hay personas que tienen miedo de mí al llegar a la consulta y, cuando se van, me dicen: «En persona eres más dulce».

Si crees que soy punk todo el día, eres muy ingenuo.

* Tener *charme*, en francés, significa tener encanto.

Un gilipollas con mucha personalidad

Hace un tiempo, en una fiesta, hablé con el marido de una conocida. Era un fulano que había tenido cierto éxito en los negocios y se pensaba que era un tipo atrayente. Conversamos y me interesé por sus negocios. Mientras me hablaba, se iba subiendo a la parra. Se pavoneaba. Al cabo de un rato me dijo, a modo de conclusión: «El secreto de que las cosas me vayan tan bien es porque tengo una fuerte personalidad. Soy un líder comprometido». Indagué aún más y le pregunté cómo era ese liderazgo, a lo que me respondió: «Cumplo lo que digo, no tolero que desvíen mi objetivo, me molesta la gente que no suma. Soy flexible, pero sé bien dónde quiero llegar, blablablá».

Pensé que aquel tipo estaba encantado de conocerse. Un gilipollas con mucha personalidad. Recitó todas las idioteces de vendehúmos de LinkedIn y se quedó tan campante.

«Tener personalidad» es quedarte anclado en una sola parte de lo que eres. Es construir un personaje que no puede ser de otra manera. Si eres un tipo duro, por ejemplo, no vas a darte la oportunidad de comportarte de otra forma. Mostrarte vulnerable no encaja con eso, y la vida te va a dar muchas hostias en las que vas a sentir la vulnerabilidad.

Te voy a dar un consejo: no tengas tanta personalidad. El problema de estar enamorado de una parte de ti es que te pierdes las otras. Es una bandera roja para mí. Significa rigidez y miedo. En el fondo solo me enseñas lo que piensas que amaré, reconoceré o aceptaré. Tratas de agradar al mundo siendo inteligente, amable o amigo de tus amigos. Quieres encantar a los demás, aunque a veces los mandarías a la mierda.

La palabra *persona* viene del latín *per sonare*, una especie de altavoz que llevaban los actores de la antigua Roma para proyectar lo que decía su personaje. Una máscara, en realidad. Lo que busca ese disfraz es mostrar algo que deslumbre, pero, por mucho que leas autoayuda, no eres un ser de luz. Me cautiva tu sombra, es mucho más interesante y me acerca más a quién eres en realidad.

Eres un todo, y tratar de disimular tus zonas grises o negras es como pisar caca de perro. Aunque disimules, huele mal.

El barón Assler

> Te convertirás en un dios o en un demonio. Un dios para ayudar a la humanidad.
> Un demonio para destruir el mundo.
>
> MAZINGER Z

Una moneda, para que sea válida, debe tener dos caras. Cara y cruz. No le des más vueltas. Una moneda con una sola cara es falsa, y tener mucha personalidad equivale a una moneda que tenga las mismas dos caras. Sigue siendo *fake*. En la serie de animación *Mazinger* Z uno de los personajes tenía dos caras: el barón Assler. Así eres tú.

Tienes muchos «Yo soy»: yo soy hijo, padre, hermano menor, casado, garrulo, bajito, sinvergüenza, simpático, mala hostia, falso. Y muchos más yos.

Saber que no eres una sola cosa va a ser la mejor forma de punkear tu autoestima. Esto supone una ventaja evolutiva de la hostia porque no eres quién dices ser. La pregunta valiosa que te regalo es:

¿Quién eres cuando haces *qué*?

Soy un tarado

Se me da fatal hacer trámites burocráticos. No es broma. Recibir una carta de la administración me pone en un estado en el que ni siquiera entiendo lo que me dicen. Con la tecnología, tres cuartos de lo mismo. Me siento un tarado que se queda bloqueado y una voz dentro de mi cabeza me dice con un tono muy desagradable: «¡Eres corto!, ¡no tienes ni puta idea!». Cuando eso sucede, me quedo fatal. ¿Te pasa algo así en alguna situación? Conozco a personas que se bloquean en el médico, frente a evaluaciones o exámenes, o en situaciones sociales. Tengo suerte y he podido tener asesores en algunas de estas movidas, pero soy consciente de que muchas personas no pueden hacerlo. Si no eres tan pijo como yo, tienes que estar muy atento para que sepas lo que va a pasarte si:

1. No sabes que puedes tener muchos «Soy» diferentes, y solo te identificas con uno.
2. No has logrado identificar en qué situaciones te sientes como el culo y te maldices.
3. No conoces la teoría de la conservación de la mierda.

La teoría de la conservación de la mierda y tu autoestima

Ya sabes que soy un científico. Con ayuda de tu cerebro, voy a enseñarte lo que quiero decir. Imagina que tienes dos barriles de esos que encontrarías en una bodega. Uno de ellos contiene el mejor vino del mundo, un Pingus del 2021 (lo acabo de buscar en «interné»), y el otro está lleno de mierda. ¿Lo visualizas?

Sigo.

Piensa que coges una cucharilla de café y la llenas con un poco de vino. Ahora échalo en el barril de caca. ¿Cuál es el resultado? Mierda.

Sigue imaginando... Ahora pilla con la cucharilla un trocito de truño del barril y lo tiras dentro del vino. ¿Qué tienes ahora? Vino con caca. ¿Beberías de ahí?

Exacto. No le echas un trago a eso ni aunque te apunten con una pistola. La mierda tiende a conservarse y expandirse.

La relación entre cómo te «etiquetas» y tu autoestima está clara. Si tu *branding* y tus etiquetas de identidad son ponzoñosas, crees que estás bien jodido. Pero si fuera tu abogado, te diría que podemos apelar. Tu sentencia es revisable.

12

CALVIN KLEIN Y LA PELEA QUE NUNCA VAS A GANAR

El problema de las discusiones contigo mismo es que las gana el que pierde y al revés.
Eso sucede porque quien lleva la razón y quien no son la misma persona.

JUAN JOSÉ MILLÁS

Un error de bulto

Si no te quieres, no te quejas. No tener autoestima significa que, sea como sea tu vida, no dirás ni pío porque pensarás que es lo que toca. No mereces más y ni te planteas que puedas estar mejor.

Como en la India, donde rige un sistema de castas. La más pobre y discriminada es la de los *dalit*, también llamados los intocables. Viven en la pobreza más extrema y son víctimas de una vida marginal, completamente excluidos de la sociedad, de modo que el *dalit* cree que vivir en esas circunstancias es su destino. Lo normal es que ni siquiera se queje por ello.

Pero tú no eres como los *dalit*.

A ti te da por saco que te pasen cosas que no te gustan o que te resultan injustas. ¿Por qué mi prima es muy flaca aunque coma como una loca y yo me engordo tan solo con mirar el pan? ¿Por qué mi compañera de carrera está forrada y yo me conformo arreglando bicicletas?

Si te quejas, tengo una buena noticia para ti. Aunque estés sufriendo mucho por cómo eres, voy a darte una rabia que te cagas porque siento decirte que no estás tan mal. Jode, ¿eh?

Los *happy flower* te han hecho creer que existe una versión ideal de ti y que tu propósito en esta vida es alcanzarla. Nada más lejos de la realidad. El error que cometen muchos profesionales de la autoayuda es hacerte elegir entre dos partes de ti. Te han hecho creer que hay una parte buena que debes potenciar y otra que tienes que exterminar.

Autosabotaje

Lo que voy a describir ahora estoy convencido de que no te ocurre. Creo que es bueno que lo conozcas por si tienes una vecina o un hermano al que le pueda hacer falta. Seguro que conoces a alguien que ha caído en las garras del autosabotaje. Es como si una parte de ti quisiera una cosa y la otra se dedicara a joder la marrana. A desmontar pieza por pieza aquello que tu propósito ha construido, tanto en lo conductual como en la fantasía. Desde luego, no necesitamos a nadie para amargarnos la existencia.

Lola vino a mi consulta poco antes de casarse.

Era una mujer joven y bonita, pero con sobrepeso. Me dijo que se había deprimido mucho al buscar un vestido para la boda. Según ella, nada le quedaba bien y con los vestidos que se había probado parecía un submarino al que hubieran envuelto con una cortina. Se veía horrorosa y llevaba meses a dieta preparando su gran día. Le pregunté qué opinaba su novio y me respondió que a él le daba lo mismo, era un judoka de dos metros de altura y ciento cuarenta kilos de peso. Acabó diciendo que era un asunto solo de ella. «Quiero adelgazar, no puede ser que sea tan gorda, pero a la que me pongo a hacer dieta, por una cosa o la otra, es como si una parte de mí me autosaboteara: acabo saltándome el régimen y soy capaz de comerme un oso polar».

¿Lo has escuchado alguna vez?

Tengo miles de ejemplos:

- Una parte de mí quiere organizarse y la otra es un caos.

- Quiero leer, pero acabo mirando el móvil.
- Debería ir al gimnasio, pero me quedo hecho polvo en el sofá.
- Me gustaría estudiar, pero tengo que cuidar de mi familia.

Podría estar horas escribiendo más cosas de este tipo, pero ahora piensa: ¿qué tienen en común estos ejemplos?

En todos hay una lucha con uno mismo.

Una de mis pacientes tiene un sueldo muy modesto. Dispone de una beca de doctorado en una universidad y apenas cobra mil euros. Su pareja es fotógrafo, y, aunque hay meses en los que le va bastante bien, no tiene una entrada fija de pasta. Si eres autónoma, sabes bien de lo que hablo. La cuestión es que Graciela, que así se llama, se propuso dos objetivos en Año Nuevo. Uno era hacer un viaje de dos meses a Malasia e Indonesia con su chico, y el otro, adelgazar cuatro kilos.

¿Apostamos para ver cuál de los dos objetivos logrará? Planificar el viaje y ahorrar una suma que les permita viajar como mochileros a Asia es algo en lo que Graciela no tiene fisuras. Todo su ser rema en la misma dirección, y por eso estoy convencido de que lo hará. Con su objetivo de bajar cuatro kilos, el asunto se complica mucho más. Veo como su voluntad se resquebraja. Aquí, mi paciente lo tiene más chungo.

Tiene una pelea interna que no puede ganar.

Contradiction

Calvin Klein ha vendido muchísimos perfumes de su fórmula *Contradiction*. Me parece un nombre genial para un producto. ¿Sabes por qué? Porque la contradicción es la fórmula que te hace humano. Klein solía decir: «Lo mejor es tener un aspecto natural, pero se necesita mucho maquillaje para tener el aspecto natural». Decía Hegel que la contradicción es la raíz de todo movimiento. ¿Y quiénes somos tú y yo para llevarle la contraria al puto Hegel? Eres muy joven, pero mientras escribía esto recordé un chiste que cuenta Woody Allen en *Annie Hall*, y que expresa muy bien lo que quiero decir. Dos mujeres mayores están en un hotel de alta montaña y una comenta: «¡Vaya, aquí la comida es realmente terrible!», y contesta la otra: «¡Y además las raciones son muy pequeñas!». Así es ser humanos: nos movemos en constante oposición. Lo malo de estas fuerzas opuestas que llevas dentro es que ambas son tú. Como en el juego del tira y afloja, si ambos equipos tienen exactamente la misma fuerza, a pesar de la energía derrochada, nadie se mueve ni un pelo.

Eso es exactamente lo que ocurre cuando quieres hacer un cambio y no lo logras poner en marcha. Te sientes bloqueado y, al mismo tiempo, te agotas de tirar sin éxito hacia ambos lados.

Te estás columpiando, colega

Cuando sientes esas energías contrapuestas, sueles ir de un lado al otro. Oscilas como en un columpio. Vas al gimnasio unos días y lo abandonas tres semanas después; luego te sientes culpable y vuelves a ir otros dos días, y vas repitiendo cíclicamente ese fracaso. ¿Qué pasa con tu autoestima si ves que no consigues alcanzar ese propósito?

Lo que ocurre, en realidad, es que ese objetivo no es tuyo.

Es de una parte de ti que dice que hay que ser como ella quiere y que la otra parte es eliminable. Por el motivo que sea, tienes una doble identificación: te gustaría ser una, pero sientes que eres la otra.

Voy a explicarlo de manera más fácil, con un ejemplo.

Has leído mucho sobre el entrenamiento de fuerza. Te estás haciendo mayor, y sientes que no le vendría nada mal a tu cuerpito serrano tener más tono muscular. En el momento en que empiezas a pensar en ello, una vocecilla interior te dice que no tendrás tiempo, que eres mayor y te puedes lesionar. No sabes con quién vas a dejar a los niños mientras entrenas. La otra parte de ti, la que piensa que hay que entrenar, se pone a leer a los estoicos y a psicólogos mandones, a lo Jordan Peterson. Esa parte tiene una voz que dice: «Eres un cagón y un flojo. Tienes que convertirlo en un hábito y eso es cuestión de voluntad. La voluntad se entrena, y no debes hacer caso a las excusas que te impiden entrenar». Muchos de mis pacientes me dicen que estas conversaciones internas son constantes, y que los agotan. Es como tener un debate entre dos candidatos a la presidencia del gobierno en la cabeza: hay datos manipulados, insultos, mentiras, pero ninguno de los candidatos se arremanga para trabajar.

El resultado de esta movida mental es que acabas sin hacer nada. Y eso va a traer mal rollo garantizado. Has identificado a la parte que quiere hacer ejercicio como saludable, te has creído que es la buena y te etiquetas como un «vago» por no hacerlo. Quisieras *ser* Dwayne Johnson, pero *eres* Torrente.

¿A quién quieres más, a papá o a mamá?

¿Qué esperabas?

Soy psicólogo, de modo que le voy a echar la culpa de todo a tus padres. La buena noticia que conlleva eso es que no tienes la culpa de nada. La mala es que, aun sin ser culpable, te va a tocar trabajar un poco para estar mejor. Las viejas teorías de los psicólogos suelen decir que, como eres buena gente, sales de fábrica queriendo a tus padres por igual. Eso es independiente de lo pendejos que hayan sido. Por el hecho de ser su hijo, como decía en capítulos anteriores, te comes muchos marrones. Es como si de alguna manera los llevaras dentro. Una especie de padrecillos pequeños, como aquellos diablos y angelitos que te hablaban en la oreja de los dibujos animados. En lo que tus papis opinaban igual, no tienes problemas. Por ejemplo, si tu padre era negociante y tu madre también, no tendrás dificultad para hacer negocios. Es como que ellos tenían el mismo *flow*. Lo complicado sería si tu padre hubiera sido un funcionario al que le importaba mucho la seguridad y estabilidad y tu madre, una emprendedora a la que le gustaba no depender de nadie y sentirse libre en el trabajo. Ser buen hijo sería llevarlos a los dos en tu corazón, de modo que tendrás una parte de ti que quiere ser arriesgada y emprendedora y otra que prefiere la seguridad. Menudo lío. ¿Con quién te quedas?

Quizá piensas que lo mejor es emprender, como deseaba tu madre, pero cada vez que lo intentas, te viene un cague y no acabas de lanzarte. Tal vez conoces a alguien al que le sucede algo así. Si tu autoestima *happy flower* depende de que seas una persona arriesgada, libre y empoderada, te vas a sentir fatal con el freno que supone tu otro yo, prudente y conservador.

Trabajan para ti, ¡joder!

No te equivoques. No puedes elegir entre papá o mamá. Los dos son tú. No vas a arrancarte tu lado izquierdo porque pienses que es mejor ser diestro.

Ambas partes, aunque se peleen, quieren lo mejor para ti. Es como si tuvieras una empresa que tiene dos subordinadas que se hacen putadas la una a la otra porque quieren ser tus preferidas y que elijas sus proyectos para que la empresa vaya bien. Estás tratando de tomar una decisión, pero sabes, en el fondo, que las necesitas a las dos porque tienen habilidades diferentes.

Por eso sé que no puedes subir la autoestima. La cosa no va por ahí porque no vas a poder priorizar una parte de ti. Es una locura pretender renunciar a tu ADN. No puedes, ni con una bomba atómica, dejar de ser tú. Por mucho que algún iluminado malintencionado te diga que sí puedes hacerlo.

¿No te das cuenta? Lo que está acabando con tu estima es la pelea.

13

LA VICTORIA ESTÁ EN SUMAR

La vida no es como la viviste, sino cómo la cuentas.

Gabriel García Márquez

Plata o plomo

Echarle la culpa a una baja autoestima es la estación de término de muchos terapeutas incapaces de ayudarte a arreglar las cosas. Dicho de otra manera: «Como no tengo ni puta idea de cómo ayudarte, será que tienes baja la autoestima».

Lo que has ido descubriendo en este libro es

que lo importante de verdad es asimilar las movidas que te han pasado en la vida y hacerlo lo mejor que puedas con las herencias recibidas. Te ha querido gente muy buena y algún que otro pendejo. Eso es así. Tienes muchas caras distintas y eres diferente en función de lo que te pasa. Puedes ser un gilipollas en algunas situaciones y un amor en otras. Todo ello te ha ayudado a construir tu identidad de forma poliédrica.

Has visto que tanto aquello que deseas como lo que te impide llegar a conseguirlo forma parte de ti. Has descubierto que cada una de estas experiencias, aunque sean dolorosas, en realidad tienen una función valiosa. El amor propio es estar orgulloso de lo que te gusta de ti, pero la autoestima va un paso más allá.

Debes poder convertir tus mierdas en algo interesante para el mundo.

Lograr eso es transformar el carbón en diamante. Tampoco quiero ponerte presión, relájate, la autoestima Punk es la manera de poder transformar el plomo en plata.*

Otra cosa bonita que me gustaría que saliera de aquí es que dejes de echarte la culpa de todo. Uno se da mucha caña a sí mismo cuando se responsabiliza de todo lo que le ocurre. Ayer leí la entrevista a una mujer, hija de un antiguo presidente de gobierno, que se autodenomina «coach certificada» y que decía que eres responsable de cómo te sientes con lo que te hacen o dicen los demás. Eso es una mentira que hace mucho daño. Si abusaron de ti, gran parte de lo que sientes tiene que ver con lo que te hicieron otros. Tu autoestima no pasa por cambiar tu modo de verlo. Al contrario, si quieres estar jodido, solo tienes que querer cambiar tu sentimiento, y fracasar en ello. Si haces eso y no te sale, acabas pensando: «Soy una mierda porque no soy capaz de sentirme diferente frente a este abuso».

* La alquimia tenía la pretensión de convertir el plomo en oro. Yo reduzco la expectativa.

La madurez se alcanza cuando eres consciente del juego que juegas y de la mano que llevas. Saber con qué cartas te manejas te limita por un lado, pero, por otro, te ayuda a ir con cuidado y a ser compasivo contigo cuando las circunstancias te superan. La inteligencia es pactar tablas con la vida jugando con las negras y sin la reina desde el principio. Aunque no te flipes, no es nada fácil hacerlo.

He dicho en muchos otros lugares que lo mejor es enemigo de lo bueno, y no quiero que cometas el error de querer hacerlo todo perfecto. La búsqueda de la perfección desemboca casi siempre en el descontento. Y nadie te pide que seas un ingeniero de Mercedes Benz.

La clave es saber que eres un puto imperfecto. La verdadera autoestima es que sepas qué hacer con tus imperfecciones.

Raimon y sus quesos

Si has descubierto que los desgarros de tu autoestima son producto de la ambivalencia y has creído que una parte de ti es disfuncional, no quiero que te sientas mal por no poder ser un iluminado.

Para captar el sentido de la vida hay que sufrir siempre un poco. No te libras de eso, pero debes recordar que lo opuesto del amor no es el odio, sino la apatía. Lo peor es sentir desgana por uno mismo.

Nunca olvides que si odias una parte de ti es porque te importas, joder.

Solventar esa disputa interior en la que andas metido pasa por darte cuenta de que sufres porque crees que deberías ser la persona que nunca querrías ser.

Tuve un paciente llamado Raimon. Tenía una pequeña empresa que vendía productos artesanos de alimentación. Vivía en una casa en la montaña y tenía una granja en la que criaba animales. Elaboraba embutidos y quesos de primera calidad. Era un urbanita que había salido corriendo hacía unos años de la ciudad y encontró su paraíso muy cerca de los Pirineos. Le costaba Dios y ayuda llevar los asuntos administrativos del negocio, pero se esforzaba por tener el control y hacerlo todo. Su padre siempre le había hecho creer que era desorganizado y se empeñó en demostrar al viejo que había cambiado. Esperaba que su papá, octogenario, le diera el aprobado final. Deseaba que su padre le dijera: «Me has impresionado con tu organización». Por otro lado, los productos que elaboraba en la granja eran tan buenos que tenía más pedidos de los que podía producir. Se estresaba tratando de organizarse, preparando excels, contratando aplicaciones y siguiendo a expertos en *management*. Aunque el negocio iba bastante bien, sentía que sus habilidades como empresario eran deficientes y estaba muy angustiado.

Hablamos y le pregunté: «¿Qué clase de tipo serías si tuvieras todo superbien organizado?». Él me respondió que sería un tipo genial. Añadí: «Pero alguien tan organizado probablemente no sería tan creativo como para hacer productos tan buenos». Se quedó mudo. Tardó un eterno minuto en responder. Dijo: «Ahí le has dado. Tengo miedo de perder mi frescura si meto mi vida en un puto excel».

«Sufres por querer ser la persona que menos querrías ser —le dije—. Además, si fueras ese pesado, tu padre ganaría la partida». Asintió y se emocionó.

Pensamos juntos y le puse sobre la mesa la ambivalencia que estaba viendo en él. Por una parte, Raimon era creativo y, por la otra, emprendedor. Estuvo de acuerdo en eso. Le expliqué: «Esas dos identidades trabajan para ti, pero están a la greña. Llevan toda la vida a hostias. Es hora de que colaboren. Tú estás tratando de tomar partido por una de ellas, y la otra te acaba jodiendo».

Cuando se quería organizar, el trabajo lo desbordaba, y cuando se ponía en modo creativo, se sentía culpable. Continué: «¿Por qué no las sumamos?».

Me miraba ojiplático.

«Mira, creo que podrías mejorar si te conviertes en un "emprendedor creativo". ¿Cómo resolvería las mierdas del excel alguien así? La verdad, tío, no me imagino a Ferran Adrià grapando facturas». Me dijo que podría delegar esas tareas en otra persona y le contesté que eso era lo que le decía todo el mundo, pero él no quería escucharlo. Acabé la sesión diciéndole que no corriera, que los emprendedores creativos tardan en resolver algunos aspectos prácticos.

En un par de sesiones me contó que había contratado a una persona para que le resolviera todo el follón administrativo. Hablando con un amigo en el bar del pueblo, este le había dicho que su mujer era una administrativa excelente y que, tras un parto, se había quedado sin trabajo.

La mujer en cuestión era muy organizada, y, después de hablar con él, quedaron en que iría a la granja una vez a la semana para recoger la documentación y que teletrabajaría mientras estaba con su niña. Se pusieron de acuerdo con la pasta y hace dos años que todo va bien. Esta persona ha potenciado mucho el negocio con sus sugerencias y Raimon se ha dedicado a lo que le gusta: hacer quesos que molan.

Estarás pensando que la solución era obvia. Yo también lo veo así. El problema era que él no resolvía la cuestión, que llevaba tiempo estancado. ¿Qué le permitió salir del bucle?

Sumar. Un emprendedor creativo suma esas dos partes peleadas.

Ya no tenía que tomar una decisión. Por fin se sentía en paz.

Relaxing cup of café con leche

> Más vale un canario perverso que un piadoso lobo.
>
> Anton Chejov

He estudiado como un friki a un psiquiatra americano llamado Milton Erickson. Llevo más de treinta años tras él. Murió en los años ochenta, así que nunca lo conocí, pero he leído y diseccionado todo lo que ha caído en mis manos sobre su trabajo. En uno de sus libros decía que la madurez se alcanza cuando eres capaz de hacer la suma de contrarios. Me ha costado mucho entender que la clave está en reconocer esas dos partes contrarias de ti.

Lo que te estoy contando en este libro es fruto de dos décadas de exprimir mi cerebro. (Ahora que lo pienso, me parece que el precio de este libro es barato). Me interesas, y quiero que te ahorres un camino de espinas.

A lo largo de mis años de terapeuta he ayudado a centenares de personas a reconocer sus conflictos internos. En mi trabajo, he visto a:

- Cobardes arriesgados.
- Inteligentes lentos.
- Rebeldes adaptados.
- Egoístas relacionales.
- Disfrutones sanos.

Es muy potente comprobar que cuando las personas ven reflejadas ambas polaridades, se tranquilizan. Llevan toda una vida tratando de elegir entre el café y la leche, y de repente descubren el café con leche. No tienen que renunciar a nada. En el café con leche, ambas partes se ven respetadas. Se acaban las hostias entre ellas y se abre un mundo lleno de nuevas posibilidades. Más largo de café, más leche. O leche de almendras sin azúcar añadido. Encontrarás el punto que te mola. El verdadero trabajo que va a apañarte la autoestima de una puta vez es darle un lugar a ambas partes.

Gerardo era un profesor de filosofía que vino a visitarme. Me dijo que dando clases no tenía demasiados problemas, era elocuente y se comunicaba bien. Se definió como tímido y me dijo que, en las situaciones informales, lo pasaba mal por su timidez. Tenía tendencia, en esos momentos, a ponerse en modo profesor y soltaba discursos muy eruditos. En fin, era un chapas. Descubrimos su ambivalencia: una parte de él era un sabio y la otra buscaba ser aceptado y querido por los demás. No te hagas una mala impresión, lo de sabio era una manera de hablar; Gerardo no era un petulante, en absoluto. Sus peroratas eran una forma de reclamar atención y apreciación de la gente, pero conseguía el efecto contrario: que las personas se alejaran o pusieran cara de tedio cuando hablaba. Le dimos un par de vueltas a su asunto y él mismo dijo: «Creo que tal vez soy una especie de sabio amoroso». Se quedó incubando esa idea un minuto tal vez. Más tarde empezó a sugerirse ideas a sí mismo, cosas tan sencillas para nosotros como preguntar a los demás cómo estaban y mostrar interés por lo que decían. Se dijo que un sabio calla en lugar de cacarear, usó exactamente estas palabras, y salió de la consulta bastante animado.

Deja tus sueños tranquilos que estás más guapo

La vida es aprender a desprenderte de los sueños. Cuando caigas en la cuenta de que llevas años tratando de ser quien no eres ni de lejos, vas a tener un duelo.

Conozco a personas que se operaron de miopía y tuvieron un duelo por sus gafas, así que no te agobies si te sientes un poco triste por renunciar a querer ser una Barbie para poder ser una disfrutona que se cuida. Yo quería ser guitarrista a mis catorce años, y me desprendí de mi sueño a los cincuenta y pico. Me sentí apesadumbrado al saber que nunca seré Paco de Lucía, pero he ganado ese tiempo para hacer otras cosas que me ponen igual, o más.

¿De qué sueño infame vas a desprenderte tú?

Recuerda que todo deseo de este tipo es tuyo de manera parcial. Pregúntate para qué lo quieres: ¿te querrán más si lo haces? ¿Te dará reconocimiento el César y lucirás una corona de laurel? No te estoy diciendo que no sea bueno luchar por algo que deseas, ojo. Te aviso para que no lo conviertas en un problema diabólico, uno de los que nunca podrás resolver. Si tu sueño te mantiene estancado y corroe tu confianza, ha llegado el momento de que sepas que la autoestima es otra cosa. No va de poner límites, de ser asertivo, ni de que te digas palabras bonitas. Todo eso son chorradas.

Va de que, por fin, te hagas adulto.

14

¡CHAPA, PINTURA Y P'ALANTE!

El brillo de los ojos no se opera.

LOLA FLORES

Tener apaño

Hemos puesto patas arriba todas las ideas locas sobre la autoestima *happy flower* y estaré contento si te das cuenta de que la autoestima duele porque la tienes.

Parece una idea sencilla pero, colocada de manera adecuada, puede ser la puta bomba. Creo que esta visión punk de quererte a ti mismo te permite disfrutar un poco más de la vida, ofreciéndote una magia que funciona. La autoestima es la típica cosa que cuanto más la buscas, menos la encuentras, como el amor, el propósito o las ganas de vivir.

En un mundo en el que o eres perfecto o eres idiota, puedes salirte de esa ecuación perversa si eres consciente de que la sabiduría está en saber apañárselas.

Vas a sentir un gran descanso emocional cuando consigas exigirte solo lo que toca en cada ocasión.

Aparenta honestamente

Escribo para follar.

Isra Bravo

Tratar de ser auténtico es el más loco de los errores en la vida. La autenticidad es paradójica porque eres un mar de contradicciones. Sufres mucho tratando de encontrar un ser único dentro de ti, cuando lo normal es ser de muchas maneras diferentes. Imagina a una persona falsa que pretende ser auténtica. Para ella, lo auténtico es ser falso. Y cuando quiere ser auténtica, entonces está siendo falsa.

Es una locura.

Nadie es falso siempre, igual que es imposible ser siempre veraz. A lo mejor, lo que es auténtico de manera radical es saber aparentar mejor.

Eres humano y el objetivo de nuestra especie es reproducirnos, o, como dirían en mi barrio, debes venderte bien para echar un polvo. Por eso cuando te haces mayor te aceptas más, porque estás fuera del mercado reproductivo. Cuanto más joven eres, más te esfuerzas en lograr una versión tuya que sea apetecible, es una ley biológica universal.

Luchas para ser elegido. Por tus padres, parejas, amigos, colegas..., y por eso te has dado tanta caña para llegar hasta aquí en la vida. Esa es una más de las contradicciones de la autoestima: tienes que ser querido por otros para acabar queriéndote a ti. Nunca eres emocionalmente autónomo del todo y, si en tu caso no es así, a ver si eres un psicópata o un gurú de esos que solo se aprovechan de la gente necesitada y de buen corazón.

Acepta que la vida es *branding* y que estamos en un juego que busca que te sientas acogido en cualquier situación, ya sea social o íntima. Es así, aunque te duela reconocerlo, desde que eras un espermatozoide y te dabas cabezazos contra el óvulo.

Destapa tu autoestima en tres pasos

Ahora que ha quedado claro que no puedes subir tu autoestima, tal vez pienses: «¿Qué coño hago entonces? ¿Me tengo que conformar?».

La buena noticia es que no.

Debes retirar el velo que oculta tu autoestima Punk. La tienes desde siempre, pero no sabes verla y, lo que es peor, no tienes ni puta idea de mostrarla.

Uno de los mantras de este libro es recordarte toda la energía que has malgastado hasta ahora haciendo cosas poco útiles para quererte mejor. Ha llegado el momento de que seas práctico, de modo que voy a darte las tres claves que molan para sacarle un brillo apañado a tu alma.

Clave 1: Detecta lo que no harás ni de coña

Con el tiempo, he aceptado que hay muchas cosas que no puedo lograr. Pedirme que tenga paciencia, por ejemplo, es como decirle a una paloma que no cague.

Ten el valor de sentarte contigo mismo y reflexiona qué haces como el culo, haz el favor. Repasa lo que llevas toda una vida exigiéndote hacer pero nunca consigues.

Te va a salir una buena lista y, si te has valorado como persona en función de si esas cosas te salían bien o mal, no me extraña que estés jodido.

Una vez tengas un inventario de esas cosas, vas a hacerte un muñeco de plastilina, cartón, barro o lo que sea, y le vas a dar un entierro con todas las de la ley. Quiero que hagas una celebración en la que te despidas de esa persona que nunca serás. Puedes escribirle una carta agradeciéndole todo lo que te ha enseñado y dándole un eterno descanso. Si reconoces que ese muñeco es, en realidad, quien tu padre o tu madre querían, añade en la carta algo como lo que puso Alicia, una de mis pacientes:

> Querida Alicia Superstar, la que nunca seré:
>
> Sé que a mamá le habría gustado mucho que me pareciera a ti, pero, como adulta, he decidido que

te libero de la obligación de ser mi referente. En la terapia he aprendido que representas todo lo que no quiero. Por un lado, me siento un poco triste por abandonar esta misión imposible. Por otro, sé que mi madre me va a seguir queriendo igual que hasta ahora, haga lo que haga, de modo que puedo despedirme de ti. Gracias por haber estado siempre aquí, ya puedes hacer tu vida, que yo haré la mía.

Después de un par de sesiones, Alicia me contó que se había sentido algo culpable por abandonar ese proyecto de vida. En algunos momentos pensó que traicionaba a su madre y que echaba de menos esa lucha interna. Eso la entristecía y la hacía reflexionar cuánto había invertido en algo tan loco. En un par de meses, su estado de ánimo cambió. La animé por todo el esfuerzo que estaba realizando y le propuse que siguiera adelante buscando qué aspectos valía la pena mejorar.

Clave 2: Busca tu zona de desarrollo proximal

El psicólogo ruso Lev Vigotsky definió la zona de desarrollo proximal. Su teoría dice que una persona tiene un espacio de mejora entre su desarrollo psíquico actual y lo que puede llegar a ser.

Te lo digo a mi manera: mejora lo que te sale a medias y lo que veas que puedes mejorar sin dejarte los ovarios.

Si estás corriendo tres veces a la semana y quieres aumentar tu frecuencia, es bastante probable que lo logres. Si estás hablando en público para diez personas, puedes aprender a hacerlo frente a cincuenta. Si eres medianamente organizado, puedes aprender a hacerlo más y mejor. No eres gilipollas y me estás entendiendo bien. Recuerda que no puedes confundir potencialidad con posibilidad (si no recuerdas qué es eso, ¡empieza a leer el libro de nuevo, pendejo!).

Clave 3: Potencia lo que haces bien y sácalo a pasear

¿Te imaginas a Dalí tocando el piano? No, ¿verdad? Si eres de los que piensa que a Beyoncé le falta técnica de ballet clásico, cierra este libro y ve a comprarte un panfleto azucarado de los que dicen que el poder está dentro de ti. Muchos de los genios que admiras fueron auténticos besugos haciendo otras cosas. La mierda del llamado «efecto halo» es que pensamos que como alguien hace una cosa bien, lo demás también lo hace de puta madre.

Piénsalo. Revisa qué es lo que haces bien. Si lo tienes claro a la primera, te ha tocado el euromillón, pero si no acabas de verlo tampoco te apures. No tienes por qué hacerlo ni rápido ni a la primera. Hay a quien le cuesta mucho aceptar lo que se le da bien. A mí, sin ir más lejos, me costó reconocer que tengo mucha maña siendo un *hater* de la hostia.

Diana era una experta en marketing digital que quería independizarse económicamente de su marido. Había estudiado a los gurús del tema y pensaba que, para darse a conocer, tenía que grabar vídeos estilo TikTok. Esta idea la paralizaba porque sentía pánico frente al hecho de tener que exponerse en un vídeo, pero le habían dicho que era la mejor forma de tener visibilidad. Le encantaba escribir, y empezó a desarrollar una manera nueva de publicitarse usando *email marketing*. Escribir correos para ofrecer sus servicios le funcionaba mucho mejor que su táctica anterior de tratar de aparecer en las redes sociales. La última vez que la vi, estaba muy contenta porque se había salido con la suya y no había tenido que grabar un vídeo haciendo el idiota para ganar clientela. Ganó independencia económica potenciando lo que sabía hacer bien y dejando de lado lo que sabía con seguridad que se le daba fatal.

No seas ingenuo, los genios lo son porque se especializan. Y luego se dan a conocer.

Hace unos años, di unas conferencias llamadas «Punk Talks» en las que compartía cartel con Chema Carrasco, un amigo que es un crack del marketing. En una de ellas, empezó su charla, llamada «Elixir carrasco», hablando de la importancia de comunicarse bien para darse a conocer. Preguntó a la audiencia que se había congregado en el local por qué estaban allí. Había mucho ambiente y algunos respondieron: «¡Porque estáis vosotros!».

«No —dijo Chema—, estáis aquí porque alguien os ha dicho que estaríamos aquí».

Me pareció una frase muy importante. Si nadie hubiera dicho que íbamos a estar allí, nadie habría venido. Si no eres capaz de mostrar aquello que tienes, nadie lo puede ver.

Creer en el producto

Debes vender diciendo la verdad.

Og Mandino

Que debes creer en el producto es algo que aprendes en primero de ventas. Eso no significa convertirte en un gilipollas narcisista pagado de sí mismo, quiere decir que eres confiable. Y para eso tienes que decir la verdad. Recuerda que allá donde enfocas la luz, inevitablemente, aparece una sombra.

Eso no es malo, es así de sencillo.

Aceptar esa sombra es el único camino que va a mantenerte alejado de la vanidad. Tengo un amigo psicólogo que es tan vanidoso que solo habla de él; siempre que puede muestra una de sus facetas de Don Perfecto. Un día se lamentaba de que las cosas no le iban tan bien como merecía y no pude dejar de decirle que, si la gente no podía imaginarlo cagando, no le iban a creer. Rio a carcajada limpia, pero no entendió nada.

Espero que, si lee esto, reconozca que solo el fuerte muestra su debilidad.

La autoestima es punk

La felicidad no existe, lo único que existe es el deseo de ser feliz. Tal vez por eso el mensaje de la autoestima Punk es tan importante. Ahora ya sabes que amarte solo es posible cuando concilias tus fuerzas opuestas.

Te lo digo yo, que soy el campeón de los perdedores.

Sé que me van a caer palos por haber tratado de desmontar el negocio que hay detrás de que estés insatisfecho contigo mismo. No hay ansiolíticos para calmar ese descontento. Este solo se relaja cuando caes en la cuenta de que está ahí porque es parte de la vida.

Aceptar que eres más mierda de lo que quisieras te va a hacer ganar aun perdiendo. Autoestimarte a lo punk es saber que, aun teniendo celulitis en la mente, tu cerebro es sexi.

Chapa, pintura y p'alante

En la vida hay que echarle muchos huevos para ser un cobarde. Si te parezco valiente es porque mis miedos son diferentes a los tuyos. Nada más.

Apañar tu vida, tu autoestima, ahora ya lo sabes, no pasa por querer un coche nuevo. Recuerdo que, a mis cincuenta años, volví a boxear al gimnasio, lleno de michelines y achaques, y me puse los guantes. Hice un par de asaltos con el hombre que dirigía el gimnasio, veinte años más joven que yo. Nos dimos lo que en el argot del boxeo se llama una jartá de palos. Le propiné algunos de mis golpes preferidos y le dolieron, pero en ese intercambio de hostias salí peor parado que él. Cuando acabamos, porque no me aguantaba los pedos, el tipo me miró. Había respeto en sus ojos, y cuando le dije que me había zurrado bien y que me sentía muy viejo, me respondió: «Un Ferrari siempre será un Ferrari».

Me llegó al alma. Mi moral estaba magullada, como mi cara, pero pensé que con una buena sesión de chapa y pintura aún podía dar guerra. Todo es cuestión del precio a pagar. Me quité los guantes y reforcé mi deseo de ser un buen psicólogo. «Las hostias duelen menos en mi consulta», me dije.

Tolstoi decía que cuando amas a alguien lo amas tal como es, no como te gustaría que fuera.

Eso, amigo, sirve para ti mismo.

15

TELÓN

He tenido muchas almas heridas frente a mí en estos más de veinticinco años de psicólogo profesional. Como no podía atender a tantas personas como me requerían, pensé que tenía que divulgar. Empecé a interesarme en las redes sociales para dar a conocer mi trabajo. Lo que nació como una especie de entretenimiento, se ha convertido en un pilar muy importante de mi profesión.

Han sido años intensos, con una puta pandemia mundial entre ellos, y nunca creí que podría tocar el corazón de tantísimas personas. Por eso, te doy las gracias por haber llegado hasta este libro. Agradezco a mi equipo editorial, y en especial a mi editor, Oriol Masiá, su ayuda para que esta obra haya llegado a tus manos. No quiero dejar de lado a mi mentora de escritura, Alicia Moll, sin la que tampoco estarías leyendo esto ahora.

Si quieres saber más sobre lo que enseño de psicología, salud emocional o autoestima, te invito a registrarte en www.escuelapalobajo.com. Cuando lo hagas, recibirás mis cartas sobre la psicología práctica que nadie te enseña, vídeos y descuentos para mis cursos, conferencias y formaciones.

Y ahora, como te prometí, te dejo con algunos de los casos que han aparecido en este libro.

Capítulo 1: Laura y su psicóloga ultratóxica

Laura asistía a terapia con una gurú de la psicología de parejas. No le acababa de funcionar porque su psicóloga le decía que su pareja era «ultratóxica» y ella no acababa de creerlo. La verdad es que no era un mal tipo. Tan solo era emocionalmente menos competente que ella. Lo que en mi anterior libro,

Psicología Punk, etiqueté como *monguer*. Apliqué un poco de sentido común, hablamos y decidimos que Laura tenía que dejar de esperar que él la entendiera y le leyese la mente. «¿Por qué lo tratas como un ser evolucionado emocionalmente si no lo es?», le dije. Durante unas sesiones, le pedí a Laura que le hiciera peticiones muy concretas, al estilo: «Llévame aquí» o «Quiero ir a esta playa», en lugar de preguntarle: «¿Qué hacemos el sábado?», dado que él nunca tenía una respuesta satisfactoria para esas cuestiones. Cuando le pilló el tranquillo, se dio cuenta de que su chico disfrutaba mucho haciendo con ella esas cosas que le pedía.

Capítulo 3: Andrés y su miedo a contaminarse

Los trastornos obsesivos dan para un libro. Andrés tenía miedo de contaminarse con las cacas de la calle, y por eso no salía. Hicimos unas diez sesiones donde trabajamos los pensamientos obsesivos que le causaban pánico. Básicamente, y aunque no te lo creas, mejoró cuando traté de hacerle empeorar. Le pedí que cada día pensara en sus peores miedos y que luego afrontara el salir a la calle al momento después. Tenía que imaginar que se contaminaba terriblemente durante treinta minutos al día. Es una paradoja, pero forzarlo a tener miedo funcionó para que cada vez lo relativizara más. Usamos el principio de Terapia Breve, en el que forzar el síntoma sirve para domesticarlo en algunos casos. Hacer esta técnica requiere de un abordaje profesional, pero, si quieres saber más sobre ello, puedes ver algunos de mis vídeos en YouTube.

Capítulo 3: Leandro, el músico desastre

Este fue un caso bonito. Atendí a Leandro «por recomendación de su mujer». Ella llevaba años tratando de cambiarlo. Se presentaba como un desastre, y después de escuchar el relato de su día a día, realmente lo parecía. Lo que hice en ese caso fue lo siguiente: reetiqueté lo que me contó, de tal manera que en lugar de un desastre le dije que eso le pasaba por querer ser buena persona. Le sugerí la idea de que, como era tan bueno, intentaba contentar a todo el mundo y, al no llegar a todo, quedaba mal con todo quisque. En realidad, lo que le pasaba era que no sabía decir que no. Le dije que la terapia iba a ser para él un curso para convertirse en un cabrón. Que se sentiría muy culpable cuando le dijera a algunas personas que no iba a hacer lo que ellas querían. Fue una terapia bastante dura para él, pero se comprometió con ella. Arregló algunos asuntos con su banda de músicos, dejó de invitar siempre a sus amigos, que en realidad eran un poco zánganos, y atendió a sus clientes con más asertividad. Vio que nada de eso era tan horrible como había imaginado y acabó separándose de su mujer. Fue un divorcio amistoso, y ambos se quedaron más tranquilos. Después de eso, lo he visto alguna vez, con su nueva pareja, contento y razonablemente feliz.

Capítulo 5: Albert, el estudiante insatisfecho

Albert sufría porque las oposiciones eran tan aburridas que se dispersaba demasiado. En ese caso apliqué una técnica que aprendí hace mucho. Le pregunté cuántas horas tenía que estudiar al día. Me dijo que si le cundían, si se concentraba, podía estudiar seis horas al día y que eso sería suficiente. Le conté que teníamos que hacer una prueba, porque yo sabía que algunos cerebros, si saben que tienen todo el día, tienden a distraerse o a pensar «ya lo haré después». Cuando conseguí su compromiso, le di la siguiente recomendación: «Vas a estudiar dos horas por la mañana y dos por la tarde. No puedes mover el culo de la silla. Si te distraes, el tiempo correrá y, cuando este acabe, estarás CASTIGADO a hacer cualquier cosa menos estudiar hasta las siguientes dos horas. Recuerda que solo puedes usar esos dos bloques de dos horas al día, y el resto del tiempo tienes absolutamente prohibido estudiar».

Curiosamente, me contó que lograba concentrarse durante las dos horas de estudio y que, cuando estaba castigado, se le hacía eterno tener que hacer otra cosa porque estaba deseando empollar. ¡Qué rara es la gente!

Capítulo 6: María y los atracones

El caso de María tenía mucho que ver con lo que trataba de hacer para mejorar. Básicamente me contó que se pasaba el día tratando de controlar lo que comía. Al llegar la noche, en el refugio y la soledad de su casa, perdía el control férreo que tenía durante el día. Empezaba por comer algo apetecible, para después mandarlo todo a la mierda y vaciar la nevera. Me resulta muy difícil explicar cómo manejamos el caso en unas pocas líneas, pero basta decir que tuvimos que modificar su idea de que tenía que controlar la comida. Le enseñé a picar placenteramente durante el día y le pedí que mantuviera el síntoma del vómito, pero de una manera especial. Fuimos modificando los rituales que ella tenía para que el asunto perdiera gran parte de la gracia. Al final, redujo muchísimo su compulsión a comer y pasó de vomitar varias veces a la semana a hacerlo alguna vez al mes. La di de alta y la veo de vez en cuando, me cuenta sus cosas y me he convertido en un referente de confianza para ella. Eso sí: cuando se da un atracón, me lo cuenta entre pícara y avergonzada.

Capítulo 7: Luisa, la fragilidad y el virus

El caso de Luisa fue espectacular. Ella, que era tan chiquitita, estaba muy enfadada con el mundo. Estaba enojada por el trato que le habían dado los hombres y las mujeres de su vida. Cuando le pregunté cómo se definía a sí misma, tan pequeña y vulnerable, me respondió: «Soy tan poca cosa que si fuera algo, sería un virus». Estaba frente a un hueso duro de roer, pero logré que conectara con esa metáfora. Ser un virus la hacía insidiosa e irreductible. Empoderar así fue una provocación por mi parte, pero en pocas sesiones empezó a verse a sí misma como una mujer poderosa. Unos meses después me dijo que se había enamorado de una chica y que estaba sorprendida. Siempre había creído que era heterosexual, y aquello dinamitó sus creencias más arraigadas. Hablamos de cómo ser un virus la hacía muy fuerte mientras ella se había visto como débil y de cómo lo que creía sobre el amor y el sexo también estaba errado. Ella misma se dio la vuelta como un calcetín, pudo mostrar su parte más sensible con su pareja y pasaron un buen tiempo juntas mientras la seguí visitando. No he sabido más de ella, pero eso, en mi trabajo, suele ser una buena noticia.

Capítulo 8: Yolanda, la niña invisible

A Yolanda, ser la tercera de siete hermanos la hizo sentirse poco atendida por sus padres. Le parecía normal, pero eso no le quitaba el dolor y la tristeza por la falta de atención que sintió. Tras algunas sesiones, pudo hablar con sus padres sobre ello y estos lamentaron mucho que se hubiera sentido así. Sacaron álbumes de su infancia y estuvieron todo un domingo recordando anécdotas de cuando todos eran pequeños. Ella y sus seis hermanos habían sido muy importantes para unos padres que, a pesar de estar desbordados por ser una familia tan numerosa, siempre estuvieron allí. Para Yolanda fue hermoso poder mirar sus caras de felicidad hablando y mirando las fotos. La verdad es que, cuando me lo contaba, pensé que tenía mucha suerte. A pesar del vacío que ella había sentido siempre, sus padres la miraron muy bien ese día, la cuidaron y atendieron. Conozco a muchas personas a las que sus padres las trataron como pendejos, la verdad, y la felicité por venir de una familia como esa. Hablamos de que en la vida hay que tirar para adelante con heridas que nunca se curan del todo. Estuvo de acuerdo conmigo y dejamos de vernos cuando ella se sintió más tranquila.

Capítulo 8: Miguel y su abandono

Este es un caso que aún colea. A Miguel lo atendía el equipo de Servicios Sociales de su ciudad. La psicóloga que lo atendía había realizado un trabajo muy intenso con él. Había intentado suicidarse en dos ocasiones, pero sus referentes sociales siempre estuvieron allí. Durante unos meses, asistí a alguna de las sesiones con él y su psicóloga. Logramos que estudiara un ciclo de peluquería y redujo mucho su inestabilidad. Más tarde supimos que su padre, al que nadie quería que Miguel se pareciera, había sido barbero.

Capítulo 10: Mónica, la flautista rara

Me costó bastantes sesiones que Mónica apreciara ser rara. Se había creído que serlo era malo y cuanto más trataba de cambiar, más rara acababa siendo, porque no le salía nada natural pretender ser como todo el mundo.

Mi trabajo se orientó a poner esa creencia en duda. ¿De dónde salía la idea de que ser diferente era malo? Me contó que en casa y en el colegio había sentido un gran vacío que había llenado con sus cosas, con su mundo alternativo. Hablamos sobre cómo sería un mundo en el que la gente rara pudiera serlo. Imaginamos ese mundo y nos dio mucho placer crearlo juntos. En una de las sesiones, le dije: «¿Y si llevaras ese mundo dentro de ti? En el fondo piensas como ellos, que ser diferente es una mierda».

En la siguiente sesión me dijo que había estado enfadada conmigo, pero que al final había entendido lo que quería decir. Acabó diciéndome: «¡Es que hay que ser rara de cojones para ser una emo que hace solos de flauta como Ian Anderson!». En esa sesión nos descojonamos, y a las pocas visitas la di de alta porque había ido a vivir con unas amigas, que me parece que estaban tan locas como ella y con las que se lo pasaba muy bien.

Capítulo 13: Gerardo «el chapas»

Gerardo representaba al típico profesor de filosofía que parece que no es de este mundo. Quería ser un hombre aceptado, querido, aunque sus conferencias no solicitadas lo alejaban de la gente. Me resultó un caso difícil, su erudición era muy grande, pero le costaba tener que demostrar todo el tiempo lo «sabio» que era. Le encargué que se apuntara a un grupo excursionista; su tarea era presentarse y decir a las personas que como era tímido le vendría muy bien que le sacaran temas para conversar. También tenía que decir que tendía a soltar la chapa cuando hablaba y que lo disculparan y avisaran si lo hacía. Me hizo caso y se sorprendió de que las personas le preguntaran y le diesen conversación. Confesar que era un chapas le ayudó a que las personas le pudieran decir: «Gracias, ya está bien de arquitectura griega por ahora» o «No más Schopenhauer, por favor». Con el paso de los meses, la cosa fue tan bien que el más sorprendido del resultado ¿sabes quién fue?

Yo.